KB234257

부자를 만드는 풍수명당

글/그림 공문룡

정암 김종철의
양택풍수 이야기

명당 찾는
비법

푸른
늘소나무

정암 김종철의 양택풍수 이야기

부자를 만드는 풍수명당

초판 1쇄 펴낸 날 2011년 2월 14일

지은이　김종철
글/그림　공문룡
펴낸이　임동선
펴낸곳　늘푸른소나무

등록일자 1997년 11월 3일
등록번호 제313-2003-300호(구:제1-3112호)
주 소　서울시 마포구 성산동 278-41 2층 202호
전 화　02-3143-6763~5
팩 스　02-3143-6762
이메일　esonamoo@naver.com

ISBN 978-89-88640-95-1(13380)

- 저자와의 협의에 따라 인지는 붙이지 않습니다.
- 잘못된 책은 꼭 바꾸어 드립니다.
- 책값은 뒤표지에 있습니다.

부자를 만드는 풍수명당

글/그림 공문룡

정암 김종철의
양택풍수 이야기

명당 찾는
비법

이 책을 읽기 전에

　풍수 지리는 동양문화의 뼈대랄 수 있는 주역을 모체로 삼아 발전해온 문화유산이다.　고대 중국에서 발원한 이 독특한 사상이 우리에게 전해진 뒤로 썩 오랜 세월에 걸쳐 사람들의 정신에 혹은 실생활에 적잖은 영향을 주었다.

　근자에 들리는 말로는 동양의 풍수지리가 이미 오래 전부터 서방세계로 건너가 다각적인 연구를 거쳐 그들 나름대로 실생활에 보탬을 꾀하고 있다는 것이다. 합리적인 사고방식을 최고의 덕목으로 삼는 서양 인들이 동양의 풍수지리를 수용한다는 것은 그들 상식으로도 납득할 만한 소지가 충분하다는 뜻이다. 다시 말해서 풍수지리가 삶의 질을 높이는 면에서 긍정적인 구실을 한다는 점이 객관성 있게 받아들여진 다는 얘기다.

　이 책자를 만들게 된 뜻도 그런 사회 현상을 인식한 기획의 하나다.

　본인이 50여 년을 외길 풍수로 살아가면서 때로는 무릎을 치고 더러는 탄식을 금치 못했던 풍수의 오묘한 이치를 모두가 이해하기 쉽게 설명하려고 만화로 만들었다.

　조금이라도 풍수지리에 호감을 지닌 사람들이나 조상의 슬기를 받아들여 삶의 질을 높이려는 사람들에게　이 책이 기꺼이 작은 밀알이 되기를 바란다.

정암 김 종 철

차 례

부자는 명당을
가지고 있다

왜 사람들은 명당(明堂)을 찾을까?

명당!
밝을 명(明), 집 당(堂).
풀어 얘기하자면 좋은 집터 위에 풍수
이치를 좇아 지은 집을 이르는
말이다.

그러나 사람들은 묏자리로 좋은 장소
도 명당(明堂)이라 부른다.

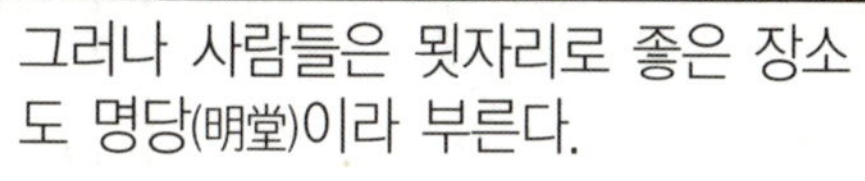

효(孝)는 백행의 근본이라 했으니……
孝

모든 착한 일 중에 으뜸이 효라는 뜻과 같다.

험!

孝

예!

우리 조상들이 하나같이 효(孝)를 숭상하며 살았고…

돌아가신 부모를 좋은 땅, 길한 땅에 모시는 것 또한 효의 덕목으로 알았다.

또 조상의 길한 자리에 모시면 그것이 복(福)이 되어 자손에게 돌아온다고 믿었다.

복(福)이란 무엇인가?
국어사전을 보면 '편안하고 만족한 상태.
그리고 그에 따르는 기쁨. 좋은 운수(運數)'라고
풀이했다.

건강하게 오래 사는 것

현모양처를 만나게 되고

남들이 부러워할 만한 자식을 두는 것

가문(家門)이 귀하게 되는 것 등이 일반 사람들이 말하는 복이다.
복!

사람들 중에는 복에 대한 욕심이
지나친 나머지…

명당이라는 이름이 붙은 곳마다 이장(移葬)을 해가며 극성을 떠는 후손도 있는
게 현실…

그러나 내 욕심이 앞서는 명당 모시기는 결코 효가 아니다.
그것이 조상을 되레 욕되게 하는 짓이다.

옛말에도 「명당은 임자가 있다」고 했다. 무슨 뜻인고 하니, '자격을 갖춘 사람만이 명당을 차지할 수 있다'는 얘기다.

어쩌다 무자격자가 명당을 차지했다 해도 일시적일 뿐.
그는 곧 그 자리를 쫓겨난다.
이런 뜻이지!

재가 잘 아는 사람 중에 그런 예가 있었단다.

돈푼깨나 굴리는 중소기업가 L씨…

그가 우연히 풍수지리 강의를 들으러 왔다가 명당과 발복에 대한 얘기를 들었지!
明堂 = 發福 !!

우아~ 명당에 모시기만 하면 발복을 한다구?

그렇다면야 머뭇거릴 게 뭐 있어? 돈 있겠다! 당장 명당을 손에 넣어야지!

하여간 그날부터 나를
질기게 졸라대는데….

명당자리 하나만
잡아 주시면…

섭섭잖게 해드릴 테니
좋은 자리 하나…
예?

좋은 자리 하나만 예?
예?

결국…

여기다 이장을 하시오.
여기가
명당입니까?

그렇소!
보기 드문 자리요…

이히히히…
드디어 명당을 손에 넣게
됐다.

서둘러 날짜 잡아 선친의 유해를 이장했고…

그날부터 복이 찾아오기를 고대했다.
복환영!

이 사람은 복을 무슨 관광객쯤으로
알았나봐.
복 환영

진득하지 못한 게 이 사람의 약점.

며칠 안 되어 슬그머니 의심이 생기기 시작했다.
진짜 거기가 명당일까?

명당이 아니라면 어떡하지…?

어떡하지?

다른 풍수?
풍수

명다~앙?
이게?

그래 풍수라는 사람치고 다른 풍수가 잡은 자리를 사심 없이 칭찬해 주는 사람은 드문 법!

몇 사람 말만 들어봐선 모르는 거니까….

틈만 나면 이런저런 풍수를 데려가서 감정을 해봤다.
또?

도대체 어떤 위인이 여기다 자리를 잡았소?
자리는 괜찮구먼!

여긴 절대 명당이 아니요!
나도 양심있는 놈은 아녀!

내가 썩 좋은 자릴 하나 봐둔 게 있는데 한번 보시려우?
으이그 속보인다 속보여!

값은 좀 비싸지만 거긴 진짜 명당이지!

풍수 중에는 양심을 시렁 위에 얹어 둔 사람이 많다.
뭣이?
x팔!
히히~
잘만 하면 한 밑천~
왕창!

에그으~
여기다 그냥 모셔두면 당신 복 받기는 글렀소!

내가 봐둔 자리에 모시기만 하면 복이 그냥 쏟아질 텐데….

하~아~
캬~아~
고민!

그려!
복을 받는 게 좋은 거니까!

그래서 이장한 지 2년도 못되어 다시 이장을 하기로 했다.
아이고~ 좋아라!
또 이사 가야 되냐?

날짜 잡아 이장을 하는데….

묘를 파고 보니 유골이 노랗게 돼 있더란다.
와~아?
와아!

진짜 명당에 묻힌 경우에만 유골이 노랗게 되는 법!
화…황골이요!

쯧!
하필이면 진짜 명당일 게 뭐람?
쯧~!

적어도 양심을 지닌 풍수라면 이장을 중지하고 도로 그 자리에 유골을 모시는 것이 원칙이건만….

이건 황골이 아녀! 흙물이 든 거란 말여!

여기는 절대로 명당이 아니라니깐! 여러 소리 말고 후딱 유골을 챙기쇼!

시간 늦기 전에 이장을 해야 한단 말요!

우겨서라도 이장을 해야지 고롬! 나도 체면이 있지! 기를 쓰고 여기가 명당이 아니라고 했는데 이제 와서 '내가 잘못 봤소!' 할 수는 없잖아?

그래서 결국 이장하고 말았다.

새로 옮겨간 자리가 과연 더 좋은 명당인지.

아니면 더 못한 망지인지는 따로 확인을 해보지 않아서 잘 모르겠지만 서두….

풍수에 대해서 뭘 좀 아는 사람들은 하나같이 그 사람이나 유골은 그 명당을 차지할 만한 적임자가 아니라서 그 자리를 쫓겨난 것이라고 했다.

옛날 어른들은 그런 말씀을 하셨다.

남에게 적선을 하고 효를 행하는 사람에게 명당 차례가 온다는 말도 같은 뜻이다.

하지만 세상이 어디 그런가? 옛날이나 지금이나 돈 있고 세도 부리는 측들은 유명한 풍수를 풀어 명당 찾기에 혈안이 되는 게 세상이니 딱한 일이다.

명당(明堂)이란?

그렇다면 어떻게 생긴 것이 명당인가?

망우리 고개 너머 구리시에 있는 동구능에는 태조 이성계가 묻힌 건원능이 있다.

이 건원릉은 무학 대사가 잡아준 국반 혈로써

그 덕분에 조선왕조 사직이 5백년이 이어 내렸다는 설이 있을 정도다.

풍수지리를 공부하는 사람들의 필수 현장학습 코스로도 꼽히는 곳이다.

국반혈(國班穴)이 뭡니까?
어~ 그거…

「혈의 크기」라고나 할까?

혈! 말하자면 '땅의 정기가 몰려 있는 끝내주는 묏자리인 혈은 저마다 크기가 다르다.

크기가 가장 큰 혈을 국반혈(國班穴)이라 한다.
제왕이 난다는 1급혈이다.

국반 혈이면 부자가 나도 나라 안에서 손꼽히는 부자가 나게 되고 후손이 정승자리에 오르는 것도 국반혈쯤 돼야 가능하다.

국반혈보다 작은 혈이
도반혈(道班穴)이다.

도반혈(道班穴)이 묻힌 조상의 후손 중에서
장관급 벼슬아치가 나고 부자가 났다 하면 도내에서
손꼽히는 부자가 난다.

혈의 크기에 따라 발복이 되는 기간도 차이가 있으니 국반혈은 2백년에서
3백년 도반혈은 1백년 안팎이다.

서민의 집이라도 1백년 발복이면 3대가 복을 받는 셈이니 아들에서 손자 대가
되면 삼공(三公). 즉 정승이 나올 만도 하다.

중전으로 간택되는 딸도 도반혈쯤 돼야 나온다.
아무나 왕비가 될 수 있는 건 아니라는 얘기다.

중전이 누굴 낳는가?
왕자를 낳지!
왕자는 자라서 왕이 되고….

왕비의 친정은 외척으로 세도가 높아지니 그런 영광이 없지.
그래서 지금도 내로라하는 가문의 조상 묘를 보면
「도반혈」자리가 대부분이다.

도반혈보다 더 작은 혈이 향반혈(鄕班穴)이다.
향반이란 요즘의 1개 군 단위를 의미한다.

또 향반혈에서 부자가 났다 하면 군내(郡內)에서 으뜸가는 부자가 난다.
하잘 것 없던 가문이 우뚝 일어난 내막을 알아보면 이런 향반혈의 보이지 않는
음덕을 입은 경우가 많다.

알려진 명당을 몇 군데 열거하자면,
우선 경기도 여주 영릉에 세종대왕릉이 있고

충남 예산 덕산에 있는 남연군 묘도 흥선대원군의
아버지 묘로 2대천자지지(二代天子之地)라 일컫는
소문난 명당!

전남 해남군의 고산 윤선도 묘를 비롯해서
충남 아산 유봉면의 윤득실 묘가 명당이며….

큰 부자가 난 묏자리로는 전남 보성군 미력면의 박성환 묘!

그의 손자 대에 이르러서는 8만 석을 누리는 부를 안겨준 명당으로 알려져 있다.

또 전남 진도읍의 현풍 곽씨 곽호례의 묏자리도 백자천손지지(百子千孫之地), 문무겸전(文武兼全)의 명당으로 알려진 자리다.

아무리 그렇긴 해도….

남의 좋은 것을 맨날 보기만 하면 뭐합니까?
그렇다고 내 것이 되는 것도 아닌데….

남의 손안에 있는 찹쌀 인절미보다 내 손에 들린 보리개떡이 한층 더 값진 법 아닙니까?
그래서?

도반혈이든 향반혈이든 그게 내 거가 돼야 제일이라 그겁니다. 제 말은….
누가 아니라더냐?

근데 그런 명당이 어디 있는지 모르니깐 답답한 거죠.

이놈아!
명당이 아무 눈에나 쉽게 띈다든?

왜요?
제 눈도 꽤 좋은 편에 듭니다요.
어허!

자고로 「명당이란 산삼(山蔘)과 같다」는 말도 모르느냐?

원래 산삼이란 영물(靈物)이라 아무 눈에나 띄지 않는다.
일설에는 산삼이 다른 모습으로 변신하기 때문에 임자가 아니면 찾을 수 없다는 말도 있지!

옛날부터 효성이 지극한 효자나 착한 일을
많이 한 사람이 산삼을 얻는다는 얘기!
그거 헛말 아니다.

명당도 마찬가지다.
진짜 좋은 묏자리는 아무 눈에나
띄지 않는 법!

산삼을 캐는 사람은 심마니!

명당을 찾는 사람은 이 사람!
푸 ~웅수!

풍수가 명당을 찾는 일은 심마니가 산삼을 찾는 일만큼이나
어려운 작업마다.

먼저 산세를 보고….

물의 흐름도 살피고….

마치 의사가 환자의 이모저모를 살펴 아픈 원인을 알
아내듯 땅의 이치를 좇아 꼭꼭 숨어 있는 혈(穴)을 찾
아내는 게 풍수의 임무다.

형국론(形局論)이란?

형국(形局)이란 모양을 이룬
생김새라는 뜻이다.
풍수지리에서
형국이란 혈을 가리키는
안내판과 같은 구실을 한다.

보물이 있는 곳을 표시해 둔 보물지도라고나 할까.

형국론에서는 산천(山川)의 생김을 사람이나 짐승 또는
어떤 물건에 빗대어 혈의 위치를 설명하고 있다
소형국!

그것은 마치 어느 별의 위치를 찾기 쉽게 하기 위하여 별자리를 만들고 거기에
적당한 전설과 이름을 붙인 경우와 같다.
큰곰좌,
거문고좌,
사냥꾼좌…

그래서 누구든지 별자리를 알면 특정한
별을 쉽게 찾을 수 있다.

거봐라! 별자리를 찾으니까
북극성을 금방 찾을 수
있지?
그렇구나

형국론에서도 혈이 있는 위치를 중심으로 산천의 짜임새를 보아 이름을 붙이는데 그 이름에 보편타당성이 있어야 한다.
옥녀등공형이니 좋은 자리여!

형국론의 기본 개념은 무엇인가? 그것은 「우주 만물은 저마다 그렇게 생긴 이유가 잇고 또 그에 따르는 기(氣)가 있다」는 이론과

「모양을 이루는 곳에는 반드시 그에 상응하는 기상(氣象)과 기운(氣運)이 있다」는 이론이다.

형국론에 등장하는 사물은 매우 다양하다. 사람을 비롯해서 동물, 식물, 곤충 그리고 물건에 이르기까지…

먼저 사람을 닮았다는
인물 형국론.

인물 형국론에 등장하는 사람은 크게 셋.

옥녀, 신성 그리고 장군이다.

옥녀는 일명 선녀라고도 하는데…

절세미인이라는 단서가 붙는다.

어른 말씀하시는 데 초를 치고 나서다니… 괘씸한!

진짜 옥녀는 하늘나라에 사는 선녀다! 선녀!

일반적으로 옥녀형국에서 혈을 찾아 묘지를 쓰며…

가문의 풍요와 자손의 번창이 오고 후손 여자 중에 잘 나가는 인물이 난다. 잘나가는 인물… 알지?

옥녀형국(玉女形局)은 묏자리 외에 집터로도 명당이 많다.

우리나라 각지에 옥녀봉이라는 산들이 많은 것도 그런 이유이고,

옥녀를 마을의 수호신으로 섬기는 곳도 있다.

그러다 보니 옥녀 형국은 꽤 많아서

널리 알려진 것만도 열아홉 가지나 된다.

옥녀가 머리를 풀어헤친 형국인 옥녀산발형(玉女散髮形)!

또는 옥녀가 단정하게 앉아 있는 모습이라는 옥녀단장형(玉女端粧形).

옥녀산발형인 형국에서 혈(穴)은 머리카락에 있다.

혈(穴)이란 명당의 중심이 되는 곳.

또 옥녀단장형에서는 화장품 그릇에 해당하는 자리가 혈(穴)이 된다.

어떤 형국에서는 옥녀의 음부(陰部)가 혈이 되는 수가 있으나…

이때는 조심해서 된다는 조건이 붙는다.

왜냐하면 옥녀형국에서는 음부에 해당하는 곳에는 샘이 솟
는 경우가 대부분인데…
혈의 이름은 겸혈(鉗穴)이라 하고 현윤곽에 상수(相水)선이
분명해야 진혈이다.

중요한 것은 그 샘물이 맑은지 아니면 탁한지, 냄새가 좋고 나쁜지에 따라 조건이
달라지기 때문이다. 말하자면 득수(得水) 파구(破口)에 물을 감정하는 게지.

즉 샘물이 맑고 냄새가 좋은
편이라야 명당이다.

그러나 반대로 물이 흐리거나
고약한 냄새가 나면…

명당이 아니라 화(禍)를 부르는 망지(亡地)가 된다.

그것도 모르고 그 자리에 묘를 쓰면…

집안에서 상피(相避)를 붙는 일이 생기게 된다.

특히 옥녀개각형(玉女開脚形)이라해서 옥녀가 다리를 벌린 형국의 경우가 그러하다.

옥녀가 비단을 짜는 형국인 옥녀직금형(玉女織錦形)도 명당이다.

형국론에는 안산(案山)이 필요하다.
안산이란 묏자리 앞에 보이는 작은 산을 가리키는데…

예를 들어 옥녀가 화장을 하는 형국인 옥녀단장형(玉女端粧形)의 경우에는…

이때 옥녀는 머리를 빗는 형국이므로 혈앞에 머리를 빗는데 쓰이는 빗을 상징하는 안산(案山)이나

혈 부근에 거울을 상징하는 안산(案山)이 있어야 한다.

이처럼 형국론에서 안산(案山)의 역할은 매우 중요하다.

왜냐하면,

안산이 있고 없음에 따라 명당이 되기도 하고 그 반대가 되기도 하기 때문이다.
명당 ○
명당 ×
案山

원래 안산이란 안(案)이 책상을 뜻하는 글자다. 즉 글 읽는 사람 앞에 놓인 책상처럼 작고 아담한 산이라는 뜻이다.
책상
案

장군형국(將軍形局)도 안산이 있고 없음에 따라 혈의 값어치가 달라진다.

장국형국의 안산은 주로 깃발이나 출진을 알리는 북, 또는 병졸들을 의미하는 산들이 혈 주위에 있어야 하는데…

다양한 장군형국에 걸맞은 안산이 갖춰져야 옳은 명당이 된다.

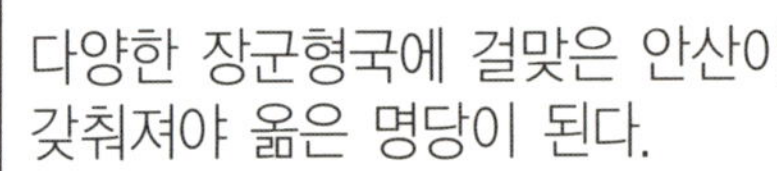

예를 들자면 장군대좌형(將軍對坐形)에서 회의실 탁자 구실을 하는 부분이 혈!

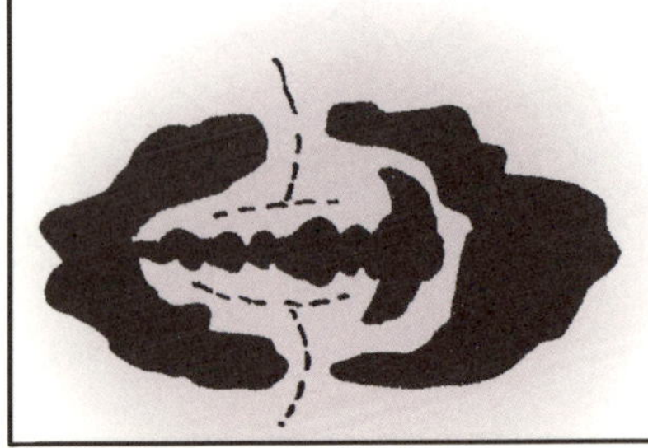

장군대좌형에서는 삼군안(三軍案)이라
해서 장군을 따르는 부하들을
상징하는 안산이 혈앞에 있어야 한다.

장군 형국에 묘를 쓰면 자손이 번창함은 물론
가문이 영화를 누리게 된다.

장군이 전투에 임하여 북을 치는 형국인
(장군격고형·將軍擊鼓形)도…

혈의 좌우 쪽에 깃발을 꽂은 형국
의 안산이 있어야 한다.

〈장군대좌형〉이면서도 혈의 앞쪽에 군사들을 상징하는 안산이 없는 경우도 있다.

조선조 때 인물인 우암 송시열.

그의 묘는 충북 괴산군 청천면에 있는데 〈장군대좌형〉이다.

얼핏 생각하면 그렇다.
그러나
…‥

궁즉통!

없는 안산을 만들 수는 없는 일!
그게 어디 한 두 지게 져다 부어서 되는 일도 아니고!

송시열의 자손들은 생각 끝에…

묘에서 내려다보는 장소에 오일장을 만들
었다. 그것이 지금의 청천시장의 내력이다.
상회

장터는 사람들이 모여드는 곳!
그 사람들이 〈장군대좌형국〉에서 필요로
하는 병졸 형국의 안산 역할을 맡았다.
우암 송시열의 묘는 그래서 명당이 됐
다.

고령 박씨 문중의 인물인
어사 박문술의 묘도 장군대좌형
이다.

그의 묘는 충남 천안군 북면의
은석산에 있는데…

그의 묘지도 장군대좌형국에 필요한 부하 구실의 안
산이 없다. 그래서 안산 대신 살아 있는 사람들을
안산으로 삼는 오일장을 만들었다.
그것이 지금의 병천시장이다.

장군형국 중에서 〈장군패검형〉도 있는데, 장군이
칼을 차고 앉아 있는 형국이다.

이(장군패검형)는 혈의 좌우에 칼을 상징할 만한
모양의 바위가 있는데 그 바위가 (칼바위)다.

이런 자리에 묘를 쓰면 그곳의 기를
받아 후손 중에 장군도 나오고…

가문이 빛나는 복을
받기도 한다. 그러나!

문제는 혈의 위치를 제대로 잡아 묘를 썼을 때라야 복을 받게 된다는 점을 알아야 한다.

만일……!

이기오행(理氣五行)의 법칙을 따르지 않고 잘못 묘를 쓰면 복은커녕 되레 화를 당하게 된다.
이를테면…

강도, 칼을 쓰는 흉악범, 폭력배 같은 후손이 나온다는 뜻이다.

그런데도 사람들은 장군형국이 좋은 줄만 알았지, 자칫하면 패가망신한다는 사실을 잘 모르고들 있다.

명당이라해도 옳게 묘를 써야 한다는 뜻이니라.

이번에는 새가 등장하는 형국을
찾아볼거나?

새가 등장하는 형국은 금형(禽形) 또는
비금형(飛禽形)이라고 하는데…

비금형에 등장하는 새들은
10여 종류쯤 된다.

봉황, 닭, 학, 기러기, 거위, 비둘기, 제비, 꿩, 앵무새 등이
대표적인 주인공들이다.

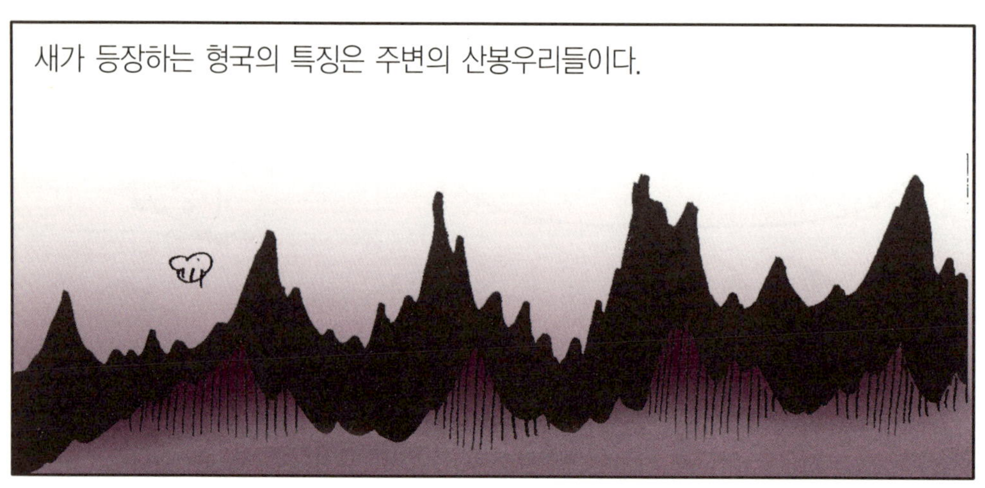

새가 등장하는 형국의 특징은 주변의 산봉우리들이다.

뾰족뾰족한 생김이 특징이다.

형국론에서는 이처럼 뾰족뾰족한 산봉우리들을 새의 날개에 비유하고 있다.

따라서 그처럼 뾰족뾰족한 모양의 산봉우리들이 겹겹이 에워싼 모양이어야 제대로 격을 갖춘 (새의 날개형국)이라 한다.

새의 형국을 찾았으면 이번에는 혈(穴)을 찾아야지!

무슨 혈을 또 찾아요?
어허!

이놈아! 보물지도에 어디어디 섬이라고 표시해 뒀으면 그 섬이 전체가 보물 구덩이냐? 얘기 왜 이리 어두워! 쯧쯧…

보물섬에서 부물이 묻혀 있는 곳은 그 섬의 극히 일부분이란 말이다. 내 말이 틀렸냐?
아뇨!
맞는 말씀인데요.

혈도 마찬가지다. 형국의 보물섬이라면 혈은 보물이 묻힌 장소인 셈이지!
입 덮충아
빠지겠네‥

① 새가 알을 품는 자리
② 새의 날개 부분
③ 새의 머리에 해당하는 부분에 혈이
있다.

조상의 음덕으로 그 후손이 복을 받는데, 어떤 후손은
오랜 시간이 지나서야 복을 받는가 하면,

[금시발복]이니 [당대발복]이니 해서 묏자리를 쓴 지
얼마 안 되어 팔자가 활짝 펴는 후손도 있다.

바로 [새의 알자리]혈에 부모를 모신 후손이 그처럼
빠른 발복의 주인공이 된다.

새가 등장하는 형국은 매우 종류가 많아서 약 30가지쯤 되는데…

어유~ 30가지나…

주로 상서로운 새로 알려진 봉황(鳳凰), 학(鶴), 꿩, 제비…

평안함을 상징하는 기러기, 믿음과 위엄을 상징하는 닭 등이 등장하는데…

새형국은 묏자리 외에 집터로도 명당이 많은 편이라 전국적으로 새가 등장하는 동네 터가 상당히 많다.

경남 합천에 있는 전 대통령 전두환씨의 선영.

봉황이 알을 품고 있는 형국인 봉소포란형(蜂巢抱卵形)이다.

혈(穴)은 앞서 얘기한 대로
알이 놓인 자리.

명당이지!
그러나…

이처럼 새가 알을 품는 형국의 못자리는 그 나름대로 금기사항이 따른단다 알겠느냐?

?
금기사항이란 '무덤의 주변을 돌로 두르는 일이나 비석, 상석을 만들지 말라' 는 것이다.

왜냐?

뻔하지! 돌이 자칫하다가는 새알을 깨뜨리는 수가 있거든!

아니, 그럼 그런 묘는 비석도 상석도 못 갖춘다 그런 말씀인가요?
그렇다.

왜냐하면 그런 돌이 이렇게 되면 알이 죄다 깨져 못쓰게 될 것 아니냐?
엄마!

또 새의 날개가 혈이 되는 묏자리의 경우, 묘지 주위를 돌로 장식하는 것은…

날아가는 새의 날개를 돌로 묶어버리는 격이니…

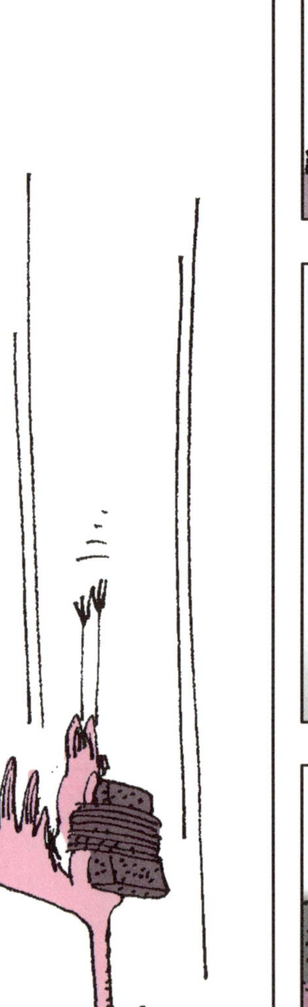

새가 추락하여 죽게되지!
그러니 좋을 게 뭐냐?

새의 머리 부분에 혈이 있는
묏자리도 마찬가지다.

잘못하면 새가 돌에 부딪쳐 머리가 깨질
위험이 있으니….
쾅!

석물(石物)을 놓아서는 안 된다는 얘기다.

새 외에도 하늘을 날아다니는 존재가 또 있다.
그건 용(龍)이다.

따라서 용의 형국의 묏자리도
석물(石物)을 세우면 안된다.

용의 몸에 돌을 매어달
아 추락시키는 격이 되
기 때문이다. 그렇게 되
면 명당이 흉한 망지가
되는 수가 많다.
망재

예를 하나 들어보자!
5공화국 때 권력의 핵심이었던
김재규 중정보부장!

그의 부모 묏자리는 본래 비룡등공형(飛龍騰空形)의 명당이었다.

그 명당 음덕으로 출세를 해서 나는 새도 떨어뜨린다는 중정부장이 됐다는 해석도 있다.

그런데 누군가 김재규에게 잘 보이고 싶은 사람이 있었다.

하이고~ 일국의 중앙정보부장 부모의 묘가 석물 하나 없이 이처럼 썰렁해서야…
상관마라! 여기 이래야 명당이거늘…

이거야말로 김부장에게 잘 보일 절호의 찬스!
시끄러웠! 찬스는 무슨…!!!

부탁인데 제발 이대로 그냥 놔둬다오. 제발!

왕릉처럼 꾸며 드리면 무척 좋아하실 거야. 히히!
안돼!

즉시 돌을 실어다 묘지를 비까번쩍하게 꾸며놓았다.
아이고~ 이제 망했다!!!

그렇게 묘지 공사를 한 지 얼마 안되어…

버러저!!!
탕!

김재규는 역사를 뒤엎는
사건을 터뜨렸다.
각하! 괜찮으십니까?
!

사형!!!

김재규는 역사의 뒤안길로 사라졌다.

그 모든 일이 날아오르는 용의
몸에 돌을 묶은 탓이라고들
수군거렸다.

암꿩인 까투리가 숲속에서 알을
푸고 있는 형국을 복치형(伏雉形)이
라고 하는데…

역시 명당이다.

경기도 개성에 있는 파평 윤씨 조상의
묘지가 복치형인데…

재미있는 것은 그 주변을 독수리, 매, 개형국의 산세가 에워싸고 있다는 점이다.

그게 무슨 명당입니까?
언제 그것들한테 잡혀먹일지
모르는 자린데…

불안하기 짝이
없는 나쁜 자리
아닙니까?
호호…
아녀.

니가 뭘 몰라서 그렇지!
그게 천하 명당이란다.

독수리, 매, 개가 서로 꿩을
잡아먹으려고 벼르는 것은
그 셋이 서로를 견제한다는
뜻이니 안전하지! 그런 형국을 삼수부
동지격(三獸不動之格)이라 한다.

스위스라는 나라 있지. 알프스, 요들, 시계로 유명한 나라!

저는 거기 안 가봤는데요.
나도 못가봤다! 그러나 분명한 것은…

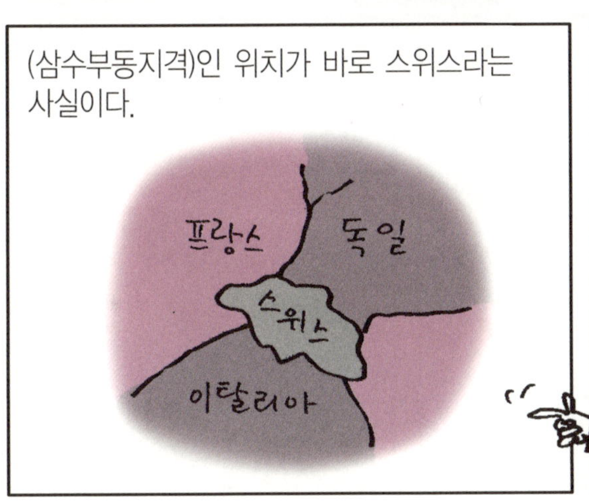

(삼수부동지격)인 위치가 바로 스위스라는 사실이다.
프랑스
독일
스위스
이탈리아

이건 지도만 봐도 금방 알게 돼! 꼭 거길 가보지 않아도 된다구.

역사적으로 독일 프랑스, 이탈리아가 서로 견제하는 스위스는 그래서 영세중립국(永世中立國)이다.
영세중립국

주변의 세 강대국이 누구도 먼저 스위스를 침범하지 못하게 서로 감시를 하는 한….

가운데 있는 스위스는 안전하다.

꿩도 스위스처럼 세 가지 동물이 서로 벼르고 있는 한 새끼를 치며 안전하게 지낼 수 있다.

이제야 이해가 가냐?
아하.

파평 윤씨 집안은 그 복지형 명당 덕분에 자손이 번창했고 가문에서 여러 명의 왕비를 냈으니 자연 명문 집안이 됐지!

소! 우리 민족은 소를 요긴하게 썼다.

농사를 짓는데 없어서는 안 될 에너지원이었기 때문이다.

그래서 소를 사람이나 다름없는 식구라는 뜻에서 생구(生口)라고도 했다.

그뿐인가?
소는 하늘의 뜻을 알리는 영물로도 대접했다. 그래서 풍수지리에도
소가 등장하는 형국의 명당자리가 있다.

소로 표현되는 명당혈은 여덟 가지 쯤으로 분류할 수 있다.

와우형(臥牛形)
우면형(牛眠形)
행우경전형(行牛耕田形)
우무형(牛舞形)
우미형(牛尾形)
황우도강형(黃牛渡江形)
갈우음수형(渴牛飲水形)
치독고모형(雉犢顧母形)
와우형(臥牛形)

소형국 중에 제일 많은 것이 와우형 누워있는 소의 모습을 한 형국이다.

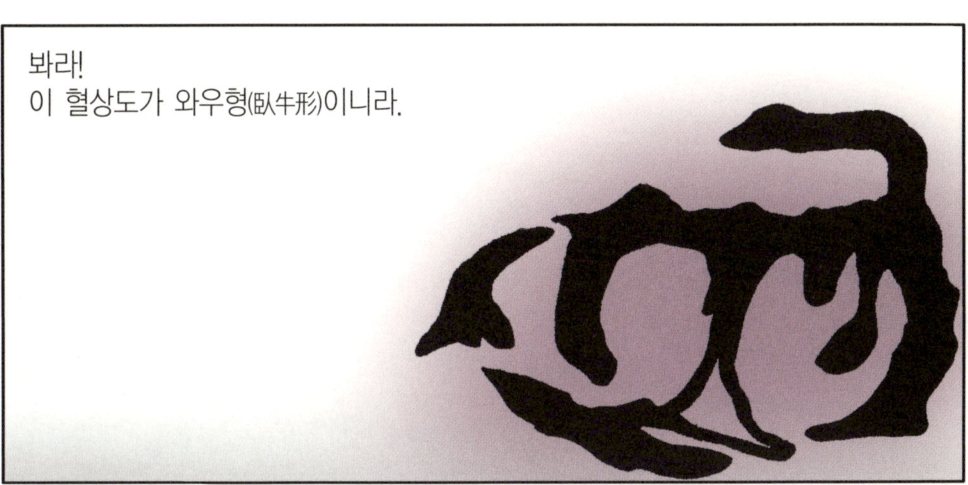

소가 편하게 누워 되새김질을 하는 것은 최고로 편한 자세…

허리부분이다. 누우면 제일 편한 부분이 허리거든!

와우형국의 허리 부분에 묏자리를 쓰면 그 집안 가문이 번창하는 복을 받는다.

남제주군 표선면 수산봉. 충북 진천군 이월면. 영동군 상촌면.
전북 부안군 경기도 용인에 와우형국의 산세가 있다.

와우형에서 허리부분 다음으로 좋은
자리는 코와 입부분이다.

코는 숨을 쉬 입은 되새김을 하는
중요한 기관이니까.

소의 코에 해당하는 자리가 명당이라는 옛날 얘기 하나!

서울에서 한두 시간 거리에 있는…

강원도 춘천 시내 우두동(牛頭洞)에는 (소슬묘)가 있다. 그 자리가 형국의 코에 해당하는 명당이다.

전설에 의하면 소슬묘의 주인은 중국 명나라 황제였던 주원장의 할아버지 묘라고 한다.

주원장은 1368년에 명나라 황제가 됐지!

주원장이 태어나 전, 주원장의 아버지인 주오사는 떠돌이 신세로 어쩌다 보니 춘천까지 흘러와 살았더란다.

오사는 중국 사람일 텐데 어떻게 춘천 땅에 와서 놀았답니까?

그걸 질문이라고 하는 거냐?

내가 서두에 분명히 전설이라고 했을 텐데?
아참! 그러셨지!

당시 별 볼일 없는 신세였던 주오사는
그러나 목적을 둔 떠돌이!

춘천 어느 집에서 머슴 비슷하게 삶을 꾸리고 있었다는데…

어느 날 웬 사람이 그 집을 찾아왔더란다.

이분은 유명한 지관이시다!
대접에 소홀함이 없도록 하라.

지관(地官)!

지관이면 풍수 아닌가

%_*-@-$-&

여보게!

부르셨습니까?
책!

명당을 확인해 보는 방법이다.
진짜 명당은 지기(地氣)가 모이는 자리이므로 그 자리에 달걀을 묻어놓으면 병아리가 된다고 했다.

벌써 쇠죽 쓸 때가 다 됐네.

어이구 내 정신 좀 봐라.
달걀을 여기 얹어두고 그냥 불을 땠구먼!

앗 뜨거! 통째로
구워졌겠네.

어르신네. 여기 달걀
사 왔습니다요!

시치미 뚝 떼고 익어버린 달걀을
지관(地官)에게 갖다 줬다.

그날 밤, 지관은 그 달걀과 삽을 들고 남몰래
집을 나서는 것이다.

어디 명당자리를 봐둔
모양이지?

근데 달걀은 뭐하러?

한곳에 이르자 지관은 땅을 파고

그 자리에 달걀을 파묻었다.

?
?

그리고 이십여 일이 지났다.
어흠!

축시(새벽 2~3시)! 지관이 집을 나섰다.
!

?

이상하다?
오늘쯤은 땅 밑에서 병아리
울음소리가 들려야 하는데…?

!

저 달걀은 내가 부뚜막 위에
올려놓고 불을 때는 바람에 익어버린
달걀인데…

거참 요상하네!
분명히 명당이건만…
여태 내가 잘못
짚은 일이 없었
는데.

병아리 울음소리가 들리
지 않네!

내가 잘못 본 모양일세…
쯧쯧!!

나도 이제 늙었나베!

내 짐작이 맞았다해!

주오사는 자기 아버지 유골을 그 자리에 이장(移葬)했다.
그리고는…

이제 나는 조선 땅에서 더 바랄 것이 없다해.

중국으로 돌아간 주오사는 그제서야 장가를 갔다.

그리고…

아들을 낳았다.

이 아이!

주오사의 아들 주중팔(朱重八)로 훗날 명나라 황제에 오른 주원장이다.

춘천의 우두동은 소가 코를 쳐들고 강을 건너는 형국이다.

소슬묘는 우두형국의 혈자리인 코끝 부뷘!

명당이지!

와우형국에서는 소의 젖부분도 명당이다.

경기도 용인군에 있는 포은 정몽주의 묘!

와우형국의 젖부분에 해당하는
자리에 있다.

소의 젖은 새끼를 키우는 중요한 기관이고 따라서 모든 영양분이 젖에 집중된다.
그러니 그 자리는 명당이 된다.

다 알다시피 정몽주는 이성계의 조선개국을 반대하다가 선죽교에서 피살되었다.

그의 자손들이 시신을 고향인 경상도 영천으로 옮기던 중

용인 부근에서 갑자기 명정이 바람에 날아가 어느 산언덕에 떨어졌다.

유족들은 고향으로 운구하던 채비를 중지하고 정몽주의 시신을 그 자리에 매장했다.

유두혈인 정몽주의 묏자리는 지금도 경기도 내에서 몇째 안 가는 명당으로 꼽히고 있다.

일반적으로 와우형의 코나 입자리나 젖부분 같은 명당 혈에 묘를 쓰면 후손들
이 큰 복을 받는 것으로 알려져 있다.

앞에서도 잠깐 언급했지만 안산이란 묏자
리에서 앞쪽으로 바라보이는 산을 말한다.

안자는 책상을 의미하는 글자!

책을 읽는 사람 앞에 놓인 책상처럼 가깝고 크기가 작은 산이 안산이다.

책상없이 책을 읽으면 올바른 독서 자세가 아닐 뿐만 아니라…

책 속의 내용이 머리에 잘 들어오지는 않는 것처럼,

안산도 마찬가지다.
명당에 안산이 없다면 반쪽 명당이나 다름없고 해도 과언이 아니다.
案山

예를 들자면 와우형(臥牛形) 묏자리에는 풀 더미를 상징하는 안산이 필요하다.

풀 먹는 소 앞에는 풀 더미가 있어야 좋다는 건 다 아는 상식!

마찬가지로 옥녀 형국에서도 옥녀에게 걸맞은 안산이 있어야 하는데…

(옥녀단장형)이나 옥녀산발형)을 예로 들어보자.

이런 형국은 화장을 하는 여자를 의미하므로…

머리빗을 닮은 안산이 있어야 제격이다.

옥녀단장형(玉女端粧形)에서 빗을 닮
은 안산이 앞에 있고 게다가 옆쪽
으로 거울을 상징하는 산까지 있어
주면 더 좋다.
어디 그뿐인가!

거울 역할의 옆산이 있고 반대쪽으로 화장대를 의미하는 안산까지 갖춰진
경우라면…

두말할 것도 없이
천하 명당이다.

화장하는 여자가 빗 있고 화장대 있고
거울이 있으니 다 갖춘 셈이지! 그래서
명당이다.

또 장군 형국 중에서도 장군(將軍)이 북을 쳐서 부하들을 지휘하는 장군격고형(將軍擊鼓形)의 경우…

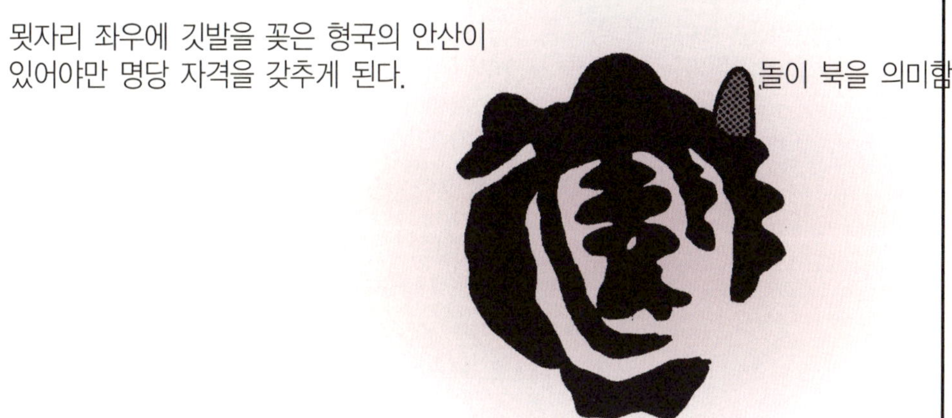

뫼자리 좌우에 깃발을 꽂은 형국의 안산이 있어야만 명당 자격을 갖추게 된다.

돌이 북을 의미함

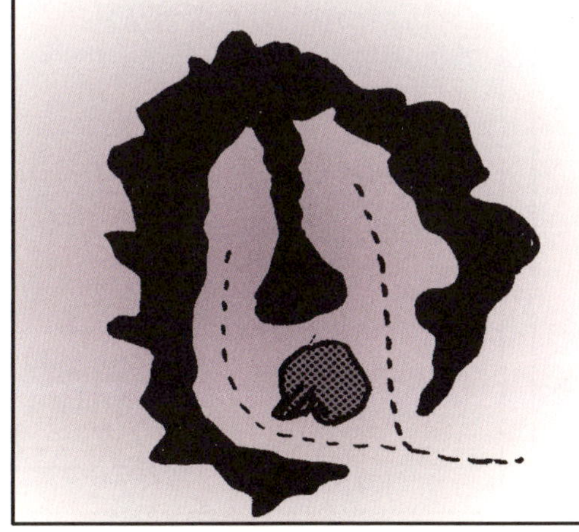

뱀이 개구리를 쫓는 형국인 장사축와형(長蛇逐蛙形)도 마찬가지다.

뱀 앞에는 개구리 쥐 모양의 안산이 있어야 명당이 된다.

경남 밀양군에는 호랑이가 엎드린 형국의 복호형(伏虎形) 명당이 있다.
손씨네 집안이 이곳에 묏자리를 쓰고부터 온 집안이 부유하게 살았다는데…

이 경우도 엎드린 호랑이 앞에 개 모양의 안산이 있음으로써 명당이 됐다.

그것도 호랑이 앞에 누워있는 개형국의 안산이다.

일반적으로 널리 쓰이는
형국을 훑어보면…
形局

대략 15종류로 나눌 수 있다.

사람으로는 옥녀, 신선,
승려, 장군이 있고…

짐승은 거북, 용, 뱀, 말,
소, 호랑이, 그밖에 동물

그리고 꽃을 비롯한 식물

기타 물건으로 나눈다.

옥녀형국(玉女形局)에는

옥녀단장형(玉女端裝形)
옥녀산발형(玉女散髮形)
옥녀탄금형(玉女彈琴形)
옥녀척릉형
옥녀무수형(玉女舞袖形)
옥녀등공형(玉女騰空形)
옥녀발족형(玉女跋足形)
천녀등천형(天女登天形)
아미명수형(蛾眉明秀形)
옥녀봉반형(玉女奉盤形)
옥녀세족형(玉女洗足形)
옥녀검용형
옥녀격고형(玉女擊鼓形)
옥녀직금형(玉女織錦形)
옥녀개화형(玉女開花形)
옥녀단좌형(玉女端坐形)
미녀헌화형(美女獻花形)
삼녀동좌형(三女同坐形)
난부돌족형
옥녀봉반형(玉女奉盤形)

신선형국(神仙形局)에는…

선인독서형(仙人讀書形)
선인격고형(仙人擊鼓形)
선인대화형
선인답공형(仙人踏空形)
선인무수형(仙人舞袖形)
선인앙장형(仙人仰掌形)
선인탄복형(仙人坦腹形)
선인과학형(仙人跨鶴形)
선인선족형(仙人跣足形)
선인헌장형(仙人獻掌形)
선인과마형(仙人跨馬形)
선인망월형(仙人望月形)
이선대기형(二仙對碁形)
오선위기형(五仙圍碁形)
운중선좌형(雲中仙坐形)
무선선좌형(舞仙仙坐形)
선인취회형(仙人聚會形)

승려형국(僧侶) 형국에는

호승예불(胡僧禮佛),
유승예불(遊僧禮佛)이 있고

어부(漁父)형국에는

어옹철망형(漁翁撤網形)
어옹설망형(漁翁設網形)
어옹수조형(漁翁垂釣形)이 있다.

장군형국(將軍形局)에는,

장군대좌형(將軍對坐形)
장군출진형(將軍出陣形)
장군전마형(將軍轉馬形)
장군격고부적형(將軍擊鼓赴敵形)
장군단좌형(將軍端坐形)
장군전기형(將軍展旗形)
장군격고형(將軍擊鼓形)
장군무검형(將軍舞劍形)
장군만궁형(將軍彎弓形)이 있다.

그럼 거북형국은 어떤가.

금구음수형(金龜飮水形)
노구예미형(老龜曳尾形)
금구입수형(金龜入首形)
구미형(龜尾形)
금구몰니형(金龜沒尼形)
금구입해형(老龜入海形)
금구하전형(金龜下田形)
구갑주형
영구하산형(靈龜下山形)
부해금구형(浮海金龜形)

뱀형국은 여섯 가지!

황사출수형(黃蛇出水形)
생사청합형(生蛇聽蛤形)
초사토설형(草蛇吐舌形)
사두형(蛇頭形)
용사취회형(龍蛇聚會形)

용(龍)이 등장하는 형국은 상당히 다양하다. 자그만치 28가지나 되니까…

갈룡심수형(渴龍尋水形)
비룡함주형(飛龍含珠形)
회룡고조형(回龍顧助形)
회룡입수형(回龍入首形)
잠룡입수형(潛龍入首形)
갈룡고수형(渴龍考水形)
오룡쟁주형(五龍爭珠形)
용마음수형(龍馬飲水形)
와룡형(臥龍形)
여룡농주형(女龍弄珠形)
황룡도강형(黃龍渡江形)
회룡은산형(回龍隱山形)
비룡망수형(飛龍望水形)
생룡절수형(生龍截水形)
회룡은유형(回龍隱幽形)
창룡출하형(倉龍出河形)
금룡헌미형(金龍獻尾形)
여룡농주형(驪龍弄珠形)
비룡상천형(飛龍上天形)
구룡쟁주형
황룡출수형(黃龍出水形)
용마세족형(龍馬洗足形)
노룡헌주형(老龍獻珠形)
반룡토주형(蟠龍吐珠形)
반룡헌주형(盤龍獻珠形)
횡룡형(橫龍形)
반룡완월형(蟠龍玩月形)
쌍룡농주형(雙龍弄珠形)

말(馬)형국은 네 가지,

옥마형(玉馬形)
호마음수형(湖馬飮水(形)
약마부적형(躍馬赴敵形)
천마시풍형(天馬嘶風形)

말은 태양을 상징하고 남성다움을
나타내는 동물이지!

한편 호랑이 형국에 묏자리를
쓰면 자손의 벼슬이 높아지는
복을 받는다.

호랑이형국(虎形局)은 여덟 가지
맹호출림형(猛虎出林形)
노호하산형(老虎下山形)
맹호하전형(猛虎下田形)
양호상교형(兩虎相交形)
복호형(伏虎形)
갈호음수형(渴虎飮水形)
수호형(睡虎形)
한호함미형(寒虎喊尾形)

기타 짐승으로 상징되는 형국은 대략 열여섯 가지로 구분하는데…

유어농파형(遊魚弄波形)
금어형(金魚形)
잠두형(蠶頭形)
복해형(伏蟹形)
오공형(蜈蚣形)
사자형
면견형(眠犬形)
복구형(伏拘形)
산구형(産拘形)
면상형(面像形)
백상매아형(白象埋牙形)
비아형(飛蛾形)
비아부벽형(飛蛾附壁形)
낙타재보형(駱駝載寶形)
갈록음수형
옥토망월형

새 형국에 등장하는 새 종류로는 봉황, 닭, 학, 기러기, 박쥐, 거위, 비둘기, 제비, 꿩, 앵무새 따위가 있는데…

비봉쇄익형(飛鳳刷翼形)
비봉포란형(飛鳳抱卵形)
오봉쟁소형(五鳳爭巢形)
단봉함서형(丹鳳啣書(形)
상봉형(翔鳳形)

비봉귀소형(飛鳳歸巢形)
봉소포란형(鳳巢抱卵形)
단봉전서형(丹鳳傳書形)
단봉형(團鳳形)
금계포란형(金鷄抱卵形)
금계욕수형(金鷄浴水形)
금계엄적형
금계숙과형(金鷄宿瓜形)
비안도잠형(飛雁度岑形)
평사하안형(平沙下雁形)
탁목조비공형(啄木鳥飛空形)
비조탁목형(飛鳥啄木形)
소령전시형
금아욕수형(金鵝浴水形)
편복형

구미형(鳩尾形)
연소형(燕巢形)
사치괘벽형(死稚掛壁形)
앵소유지형
앵소포란형
학소포란형(鶴巢抱卵形)
가학조병형(駕鶴朝幷形)
학슬형(鶴膝形)
비학등공형(飛鶴騰空形)
신학두형(伸鶴頭形)
선학하전형(仙鶴下田形)
청학포란형(靑鶴抱卵形)

식물이나 꽃에 비유되는 형국도 여러 가지 있다.

첫째가 연꽃!

연화출수형(蓮花出水形), 연화도수형(蓮花滔水形), 연화부수형(蓮花浮水形)이 그것이고…

매화낙지형(梅花落地形)은 매화꽃에 비유된 형국!

이화낙지형(梨花落地形)은 배꽃.

도화낙지형(桃花落地形) 도화만개형(桃花滿開形)은 복숭아꽃에 비유된 형국이다.

또 작약반개형(芍藥半開形)이나 모란반개형(牡丹半開形)으로 표현되는 형국!

포도 열매로 비유되는 형국도 간혹 있다.

물위에 뜬 개구리밥으로 표현하는 청평부수형(靑萍浮水形)!

그리고 칡잎으로 표현되는 갈엽형(葛葉形)도 더러 있다.

끝으로 여러 가지 물건에 비유된 형국도 매우 다양한 편으로…

달 모양을 닮았다는 반월형(半月形), 신월형(新月形), 초월형(初月形)

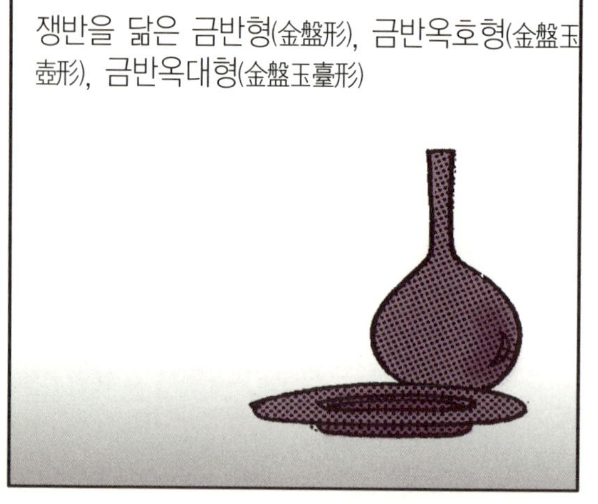

쟁반을 닮은 금반형(金盤形), 금반옥호형(金盤玉壺形), 금반옥대형(金盤玉臺形)

배모양을 닮은 행주형(行舟形)

이밖에도

복종형(伏鐘形)
부사형
위군형(圍軍形)
대종잠화형(對種簪花形)
사중옥립형
단로복화형(丹爐覆火形)
화리금단형(火裡金丹形)
금채형(金釵形)
조천납촉형(照天蠟燭形)
구금일질형(鉤金一叱形)
옥대전요형(玉帶纏腰形)
괘벽금채형(掛壁金釵形)
금규옥간형(金圭玉簡形)
관사정역형(官舍停驛形)
보검출갑형(寶劍出匣形)
당배형(撞背形)
진주형(珍珠形)
옥병저수형(玉瓶貯水形)
옥적형(玉笛形)
풍취나대형(風吹羅帶形)
야자형(也字形)
금채절각낙지형(金釵絕脚落地形)
금환낙지형(金環落地形)
완사명월형(浣紗明月形)
괘등형(掛燈形)

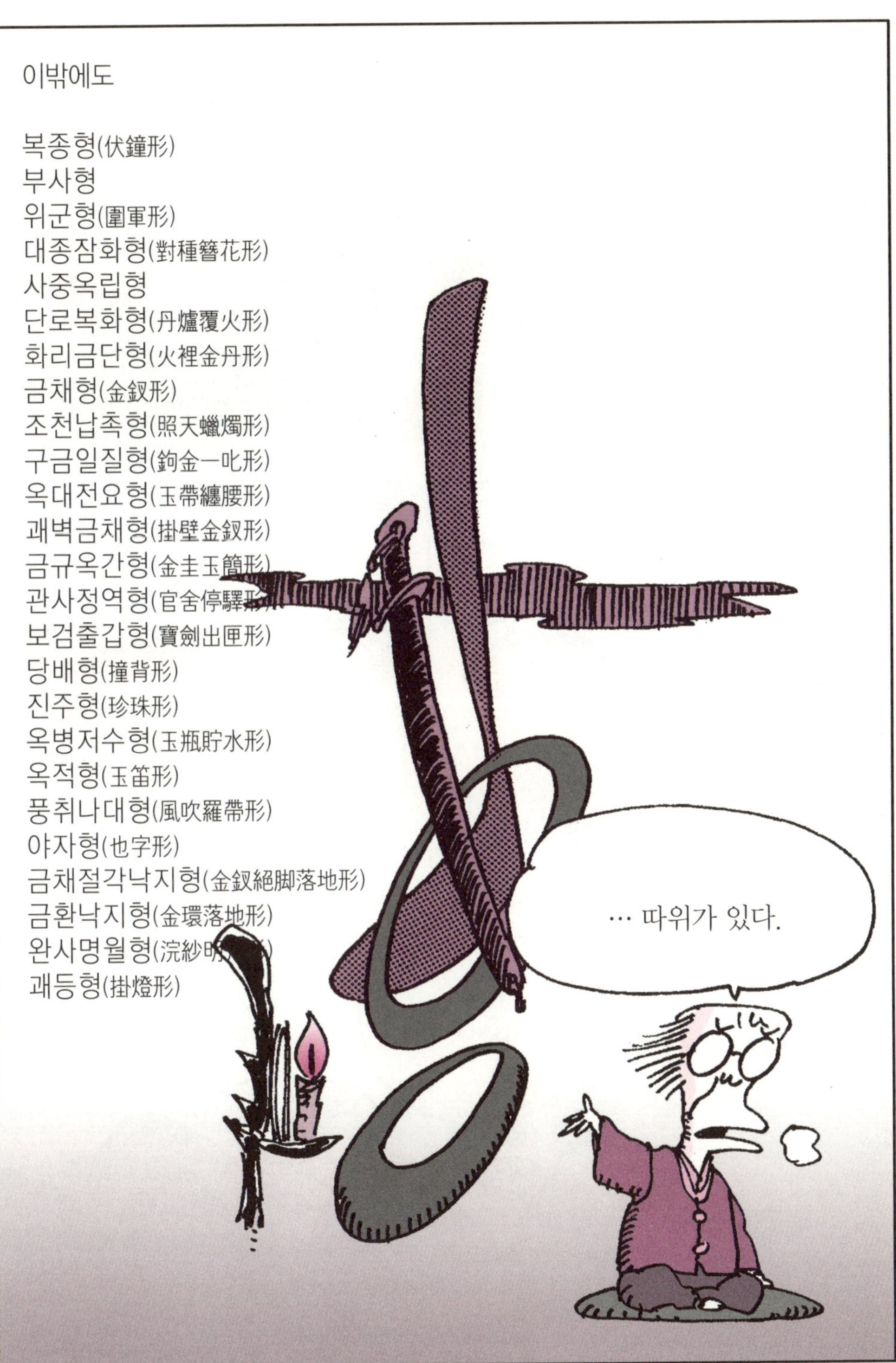

?
휴…

왜 한숨이냐?

그 많은 걸 다 외어야
합니까?

저는 아무리 봐도 그냥 크고 작
은 산으로 보일 뿐인데…

저런 산을 보고 무슨무슨 형이니
뭐니하고 이름을 붙이다니…
그럼 그렇지.

이걸 알아둬라!

풍수 공부는 하루 이틀에 끝나는 벼락치기 공부가 아니라는 걸!

원체 오래전부터 입에서 입으로 또는 비결(秘訣)형식으로 전해지다 보니…
!
!
!

풍수공부라는 게 원래 어려운 분야이니라.

운 좋게 좋은 스승을 만나게 되면 풍수의 진리를 빨리 깨닫게 되기도 하지만…

자칫하다가는 평생을 바치고도 헛풍수 공부를 하는 사람도 많은 게 풍수공부다. 알겠느냐?

그러고 보면 너는 참 운이 좋은 놈이지 뭐냐?

나처럼 인간성 좋은 선생을 만나서 뭘 물어도 척척 대답해주지.

딴데 가봐라! 어림도 없다. 뭘 물어봤자 시퉁맞은 핀잔이나 당하기 일쑤지!

그런 줄 알았으면 퍼뜩 가서 시원한 물 한 그릇 떠온나!
옙!

명당 찾기

사람들은 흔히 명당을 가리켜 과일나무와
비슷하다고 한다.

그렇게 보면 꽤 그럴싸한
비유라고 할 수 있지.

옛 문헌에도 「穴者는 山之花也니, 如樹
之實也」라고 했으니까…
혈이라고 하는 것은 산에 꽃이니 나
무에 열매와 같은 것이다.

뿌리가 있고 줄기가 잇고 그 줄기에서 가지가
뻗고 잎이 나며 꽃이 피고 열매가 열리는 모
습을 통하여 명당을 설명해 보자.

좋은 열매를 맺자면 먼저 그곳 땅이 비옥해야겠지.

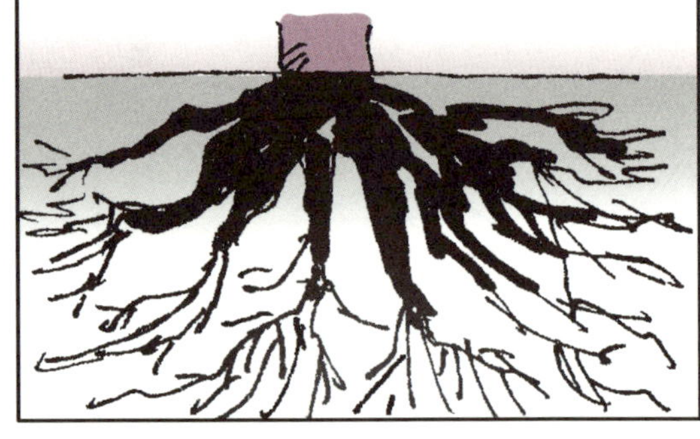

그 담에는 뿌리가 튼튼하게 내려야 줄기가 충실하게 클 것이고,

그래야만 가지도 잘 뻗고 잎도, 꽃도, 그리고 열매도 잘 맺는다는 것쯤은 익히 아는 상식!

명당도 마찬가지다! 좋은 혈이 생기자면 그 혈의 뿌리격인 주산이 튼실해야 한다.

주산(主山)이란 혈을 향해 뻗어 내리는 큰 산을 말한다.

주산에는 제일 위에 태조봉(太祖峰)이 있고…

이들 태, 중, 소조봉을 과일나무에 비유하면 이렇다.

태조봉(太祖峰)!

태조봉(太祖峰)은 과일나무의 뿌리에 해당한다. 뿌리가 튼튼해야 줄기가 튼튼하다.

중조봉(中祖峰)은 태조봉 아래 있는 봉우리로 과일나무의 줄기에 해당한다.

소조봉(少祖峰)은 과일나무의 줄기에서 뻗어 나온 가지인 셈이다.

자! 잠시 눈을 돌려보자! 주산쪽에서 태조, 중조, 소조봉을 이루며 혈이 있는 곳까지 흐르는 산맥의 흐름!

그 산맥의 흐름을 풍수지리에서는 내룡(來龍)이라 부른다.
풍수에서는 산맥을 용(龍)으로 표현하거든!

내룡은 두 가지 종류가 있다.
간룡(幹龍)과 지룡(枝龍)!!!

간룡(幹龍)은 주산에서 내려오는 원줄기 산맥을 말하고,

지룡(枝龍)은 원줄기 산맥인 간룡에서 갈라져 나가는 산맥을 말한다.

여기서 눈여겨보아야 할 것은 산줄기가 본줄기냐 곁줄기냐 하는 것보다 그 산줄기의 생김이 얼마나 생기가 넘치느냐를 따져야 한다.

보라! 산맥의 생김이 얼마다 다양한가?

산줄기, 즉 용은 생기(生氣)가 넘쳐야 좋다.

그런 용의 끝에 명당혈이 있는 경우가 많으니까.

산맥의 흐름을 눈여겨보면 크게 다섯 가지로 분류가 된다.

다섯 가지 산맥이란 5행(五行), 즉 금목수화토(金木水火土)를 의미한다.
五行

산맥의 생김을 오행에 맞춰 보면 그에 따른 길흉(吉凶)이나 혈의 위치를 대충 짐작할 수도 있지!

먼저 수(水)형!

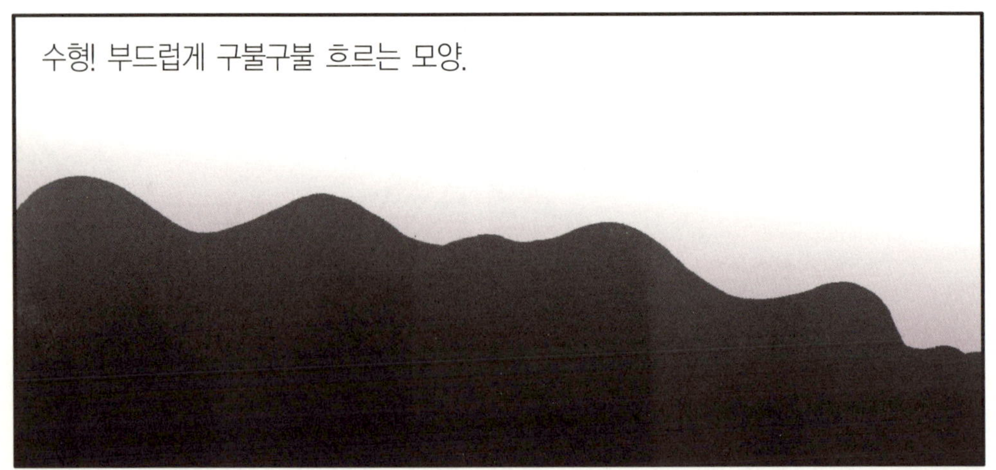

수형! 부드럽게 구불구불 흐르는 모양.

수형으로 흐르는 산맥에는 주로 용, 뱀, 지렁이 같은 형국이 있으며 혈의 위치는 코, 귀, 배, 머리, 꼬리 부분이다.

그 다음은 목형(木形)의 산맥!

곧게 높이 솟아오르고 가지가 많이 뻗는 특징이 있다.

사람에 비유되는 형국은 이런 목형산에 많다. 혈의 위치는 가슴, 배꼽, 음부.

사람 형국이 많이 발견되는 또 다른 산줄기는 화(火)형.
봉우리가 뾰족뾰족하게 높고 날카로운 모습을 하고 있지.

토에 속하는 모양의 산줄기는 한눈에도 듬직해 보인다.
산봉우리가 평평하고 묵직한 느낌을 주는 산이 토형(土形)산이지.

개, 호랑이, 소, 사슴 따위 형국이 토형 산줄기에서 많이 난다.

끝으로 금형(金形)인 산!

맑은 느낌을 주며 봉우리가 둥글고 주위가 깨끗하며 가지가 많이 퍼져 있는 산이다.

학, 봉황, 꿩, 닭, 백조 같은 새 종류의 형국이 이런 금형 산줄기에서 많이 발견된다.

자~ 이제 내룡(來龍)을 따라 혈 자리를 찾아 떠나보자!

잘 봐 둬라!
저렇게 밋밋한 내룡보다는…

생기가 넘치는 내룡이 바람직하다.
예!

기가 충만한 산은 생룡(生龍)이라 하고

기가 약해 무기력해 보이고 음습해 뵈는 산은 죽은 용, 즉 사룡(死龍)이라 한다.
사룡..

반대로 괴어 있는 물은 기를 잃어 죽은 물(死水)이 된다.

반대로 기가 쇠진한 흙은 음습하거나 모래처럼 메마른 흙이다.

그런 흙일수록 잡석이 많이 섞여 있단다.

뿐만 아니라 돌은 생기가 있는 것과 죽은 돌이 있다.

특히 혈이 있는 부근의 돌은 그곳 흙과 잘 조화되어 적황색이나 흰빛을 띤 돌이 된다.

예로부터 혈이 되는 자리에 있는 흙 중에 최상급 흙은 비석비토(非石非土)라고 했다.

미인을 뽑는 대회에서도 그렇잖냐?
키는 얼마!
가슴, 허리, 엉덩이는 얼마나 커야 하고 말솜씨,
태도, 머리모양, 화장, 걷는 모습, 그밖에도 뭐
다뭐다 조건이 얼마나 까다롭냐!

명당도 비슷해! 미인 뽑기만큼이나 까다롭지!
주산, 용, 작국, 입수, 혈상, 사격, 안산, 등등… 수두룩하지!

봐라! 태조산에서 시작한 내룡의 흐름이 중조산
소조산을 거쳐 바야흐로 혈 가까이 왔다.

입수(入首)

예부터 그랬다.
내룡의 흐름이 그친 곳(來龍盡虎)
에는…

흐르던 땅의 정기가 잠시 똘똘
뭉쳐 있다고 했다.

풍수지리에서는 그처럼 땅의 정기
가 잠시 뭉쳐 있는 위치를 '입수'
라 한다.
入首

'입수(入首)' 가 길상이라야
혈이 명당에 가까워진다.
入 首

입수의 길흉을 판단하려면

내룡의 끝 부분을 본다.

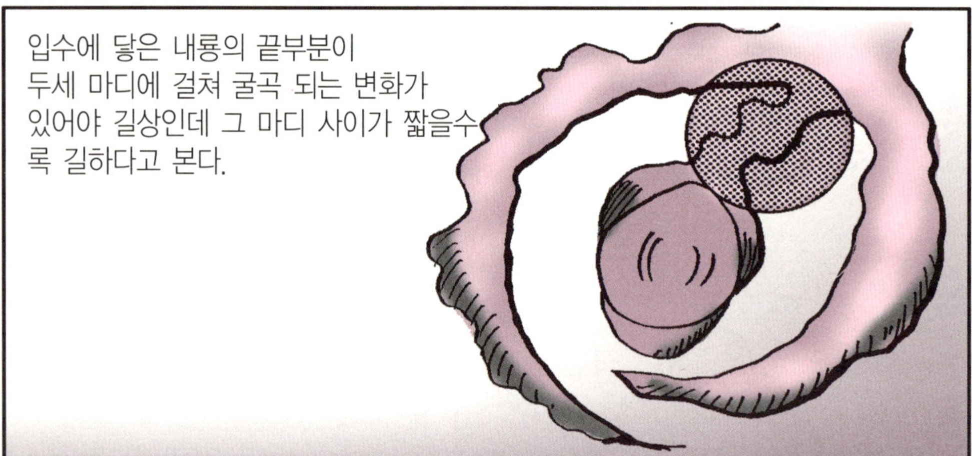

입수에 닿은 내룡의 끝부분이
두세 마디에 걸쳐 굴곡 되는 변화가
있어야 길상인데 그 마디 사이가 짧을수
록 길하다고 본다.

첫째 길상은 입수 마디의 굴곡 변화!

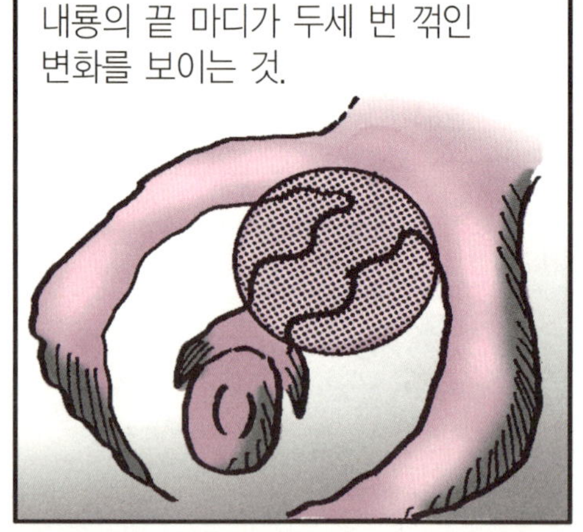

내룡의 끝 마디가 두세 번 꺾인
변화를 보이는 것.

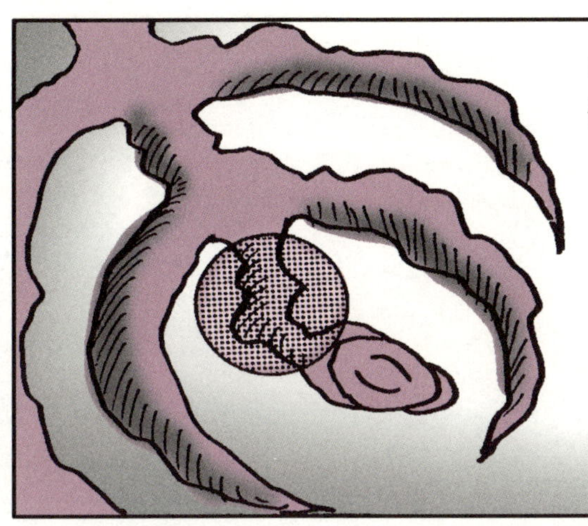

내룡의 끝부분이 그처럼 좌우로 변화를 지니며 입수되는 것을 정돌취기입수(正突聚氣入首)라 하는데…

단면도를 그려보면 군산으로부터 내려온 기가 끝에서 모여 입수로 쏟아져 들어오는 기상이다. 물론 명당이지!

이런 굴곡변화의 입수를 지닌 혈자리에 조상을 모시면 자손들이 부귀해지는 복을 받는다.

그런가 하면 입수에 닿은 내룡 끝부분이 불룩불룩 솟은 모양의 기복을 이루어도 길상이다.

변화 입수의 가상이기 때문이다.

다만 이런 기복(起伏)변화 입수도 그림처럼 옆으로 구부러지는 변화를 겸해야 완벽한 길상이 된다.

한편 내룡의 끝 부분이 굴곡이나 기복 변화를
하지도 않고 옆으로 구부러지지도 않은 상태로
입수되는 명당도 있다.

이때는 입수 부분이 학의 무릎처럼 잘록하게 가
늘어 졌다 굵어지는 변화를 한다.

이런 형태를 속기입수(束氣入首)라 하는데 이런 입
수 형태면 자손이 부자가 되는 복을 받는다.

입수에 대해서 대충 이해가 됐다면…

이번에는 청룡백호(青龍白虎)에 대해서 알아보자.

청룡백호(青龍白虎)

청룡백호라 함은 혈의 양쪽 옆으로 갈라져 혈을 싸안듯이 에워싸고 있는 산줄기의 형세를 말한다.
백호
청룡
외백호
외청룡

청룡백호에도 길격과 흉격이 있게 마련인데…

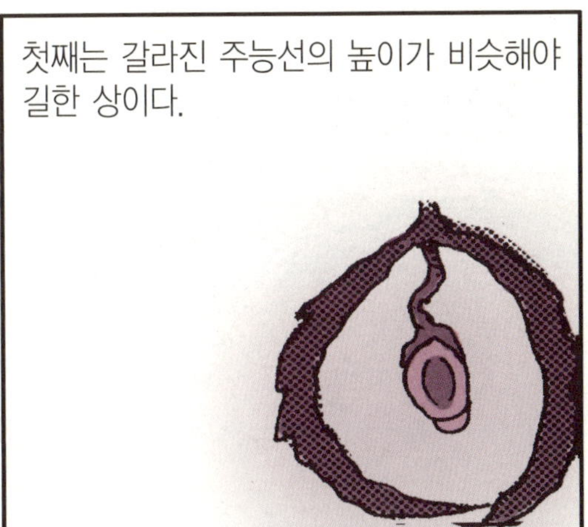

첫째는 갈라진 주능선의 높이가 비슷해야 길한 상이다.

어느 한쪽은 높고 다른 쪽이 낮으면 흉격이 된다는 뜻이다.

또 청룡백호는 혈을 가운데 두고…

서로 그 끝이 깊이 교차해야 제대로 된 명당이다.

묏자리 주변에 사태가 난 자국이거나

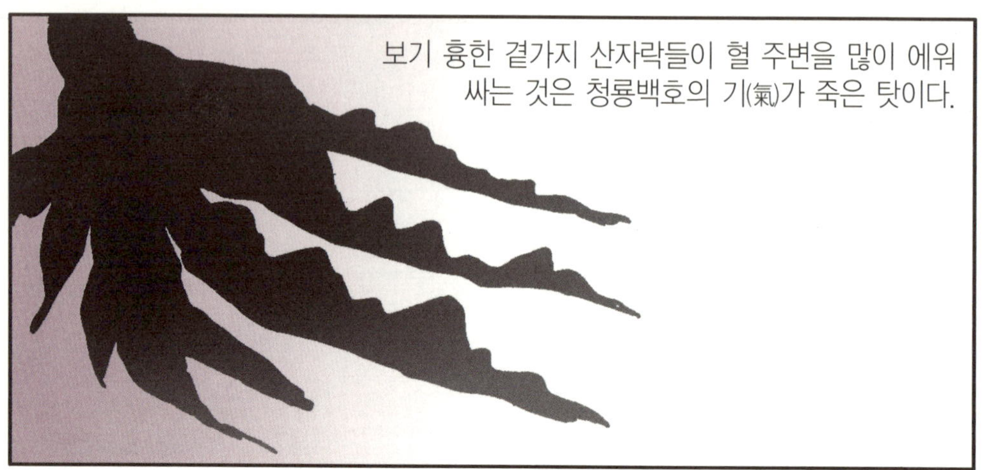

보기 흉한 곁가지 산자락들이 혈 주변을 많이 에워
싸는 것은 청룡백호의 기(氣)가 죽은 탓이다.

따라서 사태 난 자리나 곁가지 산자락들은 살(殺)이
되므로 혈을 이루지 못하는 게 보통이다.

웬만한 풍수라면 묏자리의 (청룡백호)만 보고도
그 후손의 형편을 간단히 알 수 있다.

쯧쯧 별볼이 없겠구먼.

예를 들자면 청룡사지여좌(靑龍砂之如坐)하면
기자손지절사(其子孫之絕祀) 같은 구절!

해석하자면 청룡이 주저앉은 듯 하면 제사(祭祀)가
끊어진다는 뜻이니, 곧 자손이 없다는 뜻이다.

또 청룡이 가느다랗고 머리만 크면
자손이 요절(夭折)하는 화가 미치고…

청룡의 윗부분이 끊어지면 장자와
장손의 대가 끊기게 되고…

청룡의 모습이 죽은 뱀처럼 늘어져 보이면 후손이 가난을 면할 수 없게 된다.

그 밖에도 청룡이 흉한 격이면 객사, 부부이별, 시비구설, 패가망신 같은 화(禍)가 미치게 된다고 해석되고 있다.

반대로 청룡밖에 봉우리가 솟으면 자손에게 횡재수가 있고…

청룡 머리 부분에 바위가 우뚝하면 문장이 높은 귀인이 나게 된다.

백호의 경우는 어떤가?

풍수지리에서 청룡은 아들 쪽

백호는 딸 쪽에 영향을 미친다고 해석한다.

따라서 백호가 나쁘면 주로 딸, 며느리한테 화(禍)가 미치게 된다.

왜 바람기 많은 딸이나 며느리가 속을 썩이는 집안 있지?

남편 놔두고 다른 남자랑 그렇고 그런 관계를 맺는 며느리…

심심해서 다른 남자한테 몸을 내맡긴 주부…

하라는 공부는 뒷전에 밀쳐두고…

별 볼일 없는 사내들과 어울려 남의 눈살 찌푸릴 짓거리만 골라 하는 딸!
콱 그냥…

알고 보면 그렇게 된 원인 중에는 백호 안에 높은 봉우리가 있어 그렇게 되는 경우가 많다.

또 백호의 윗부분이 솟구쳐 돌아앉은 형국
이면 큰 며느리가…

백호의 아랫부분이 솟아 돌아앉은
형국이면 막내며느리나 딸이…

집을 버리고 도망가는 일이 생긴다.

백호 부근에 호랑이가 입을 벌린 듯 한 바위가 보이면…

그 자손은 교통사고를 당할 위험성이 높아지게 된다.

백호 부근에 험한 바위가 보이면…

그 자손은 가난뱅이 신세를 면할 길이 없고…

백호 그 자체 능선이 거칠고 들쑥날쑥하면 고부간에 갈등이 심해진다.

끓는다! 끓어!

××!

그러나 반대로 백호 형국 이 좋은 경우라면…

예를 들어 백호모양이 춤추는 소매자락을 닮 았으면 자손이 부귀를 누리게 되고…

백호의 허리 부분에 도장을 상징할 만한 돌이 있으면 후손 중에 높은 벼슬을 하거나 덕있는 인재가 난다.

좋은 점도 있긴 있네요 만…
?

백호든 청룡이든 나쁜 점이 좋은 점보다 많은 게 사실 아닙니까.
그건 그려!

차라리 (청룡백호)가 둘 다 없으면 어떨까요?

말도 안 되는 소리 마라.
이럴줄 알았어…!

원래 혈을 이루자면
청룡백호가 혈(穴)을
에워 싸야하고
그 밖으로도 많은
산들이 혈(穴)을 싸안은
형국이라야 명당이다.

이걸 풍수지리 용어로는 작국이라 하는데…
作局

작국(作局)이 잘 돼야 명당혈이 된다.

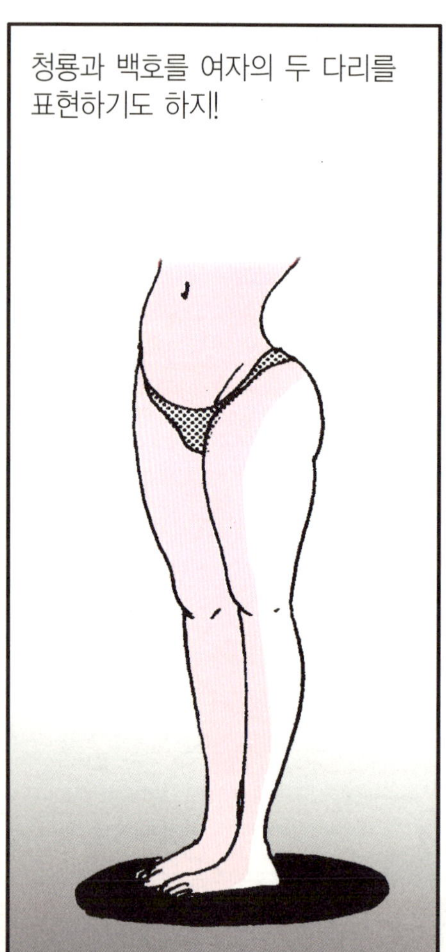

청룡과 백호를 여자의 두 다리를 표현하기도 하지!

혈은 여자의 음부로 비유되고…

얼마나 절묘한 비유냐?
안 그렇냐?

여자의 성기야말로 인체 중에서 가장 은밀한 부분이면서 생기가 가장 충만한 기관이지! 새로운 생명을 탄생시키는 곳이니까…

따라서 그 부분은 함부로 내 둘러서는 안 될 부분이다~ 그런 얘기니라!

혈도 마찬가지다. 아무에게나 차지가 되면 안 되거든.

소중한 음부를 두 다리가 꼭꼭 감싸고 보호하듯

혈도 청룡과 백호가 충실하게 감싸줘야 한다.

우선 잘못된 청룡백호를 살펴보자.

청룡백호가 둘 다 길이가 짧아 혈을 감싸지 못하는 경우

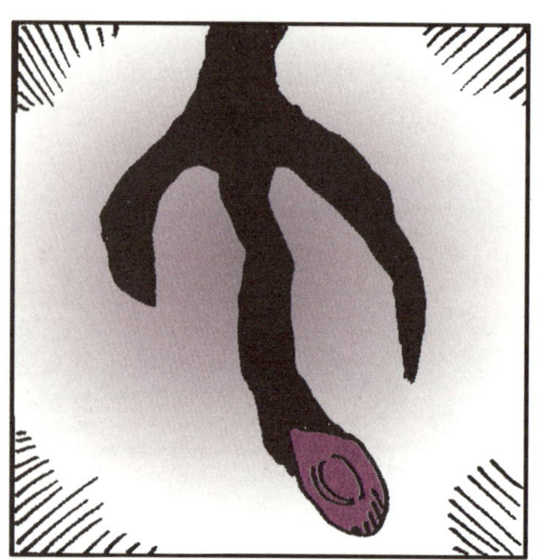

혈이 마치 혀를 빼물고 토하는 형국 아니냐?

저렇게 되면 바람을 막아주지 못하므로 기가 흩어지니 혈이 될 수가 없다.

이런 자리에 묘를 쓰면 후손이 요절하거나 흉사가 줄을 잇게 되지.

혈을 제대로 이루는 국세(結穴保局)는 내룡을 따라 내려오며 짜여진다.

명당 보국을 높은 곳에서 내려다보면 청룡과 백호가, 그리고 그 바깥쪽으로 외청룡 외백호가 겹겹이 혈을 에워싸고 있음을 알 수 있다.

또 청룡백호 작국은 어느 쪽이든 한쪽이 혈을 싸안아야 한다.

즉 이런 형국은 나쁘다는 뜻이다.

쉽게 말하자면 청룡이 혈을 감쌀 때는
오른쪽에서 왼쪽으로…

백호가 혈을 감쌀 때는 왼쪽에서
오른쪽으로 감싸야 제대로 격을
갖추게 된다.

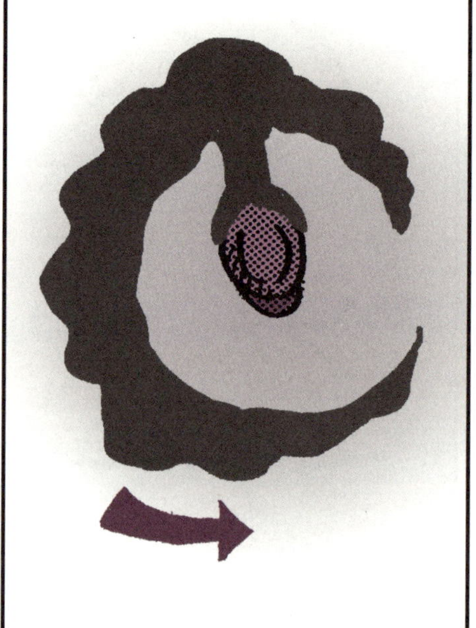

그래서 청룡이 국을 이룰 때는 우선입수
(右旋入首)라 하고,

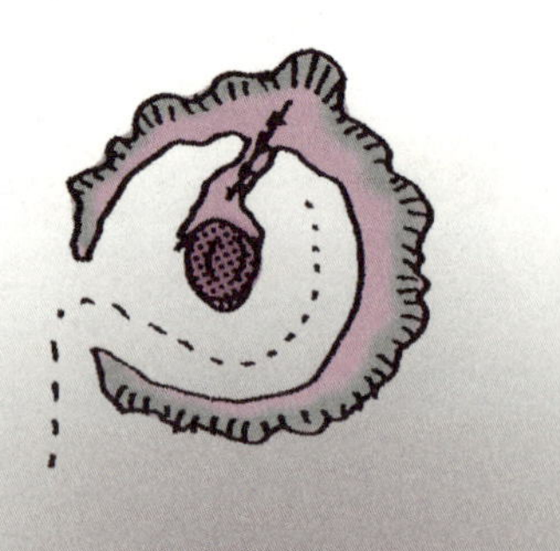

백호가 국을 이룰 때는 좌선입수(左
旋入首)라 하느니라.

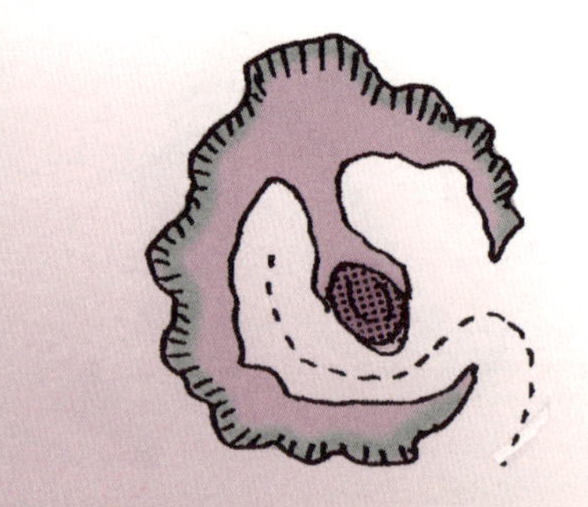

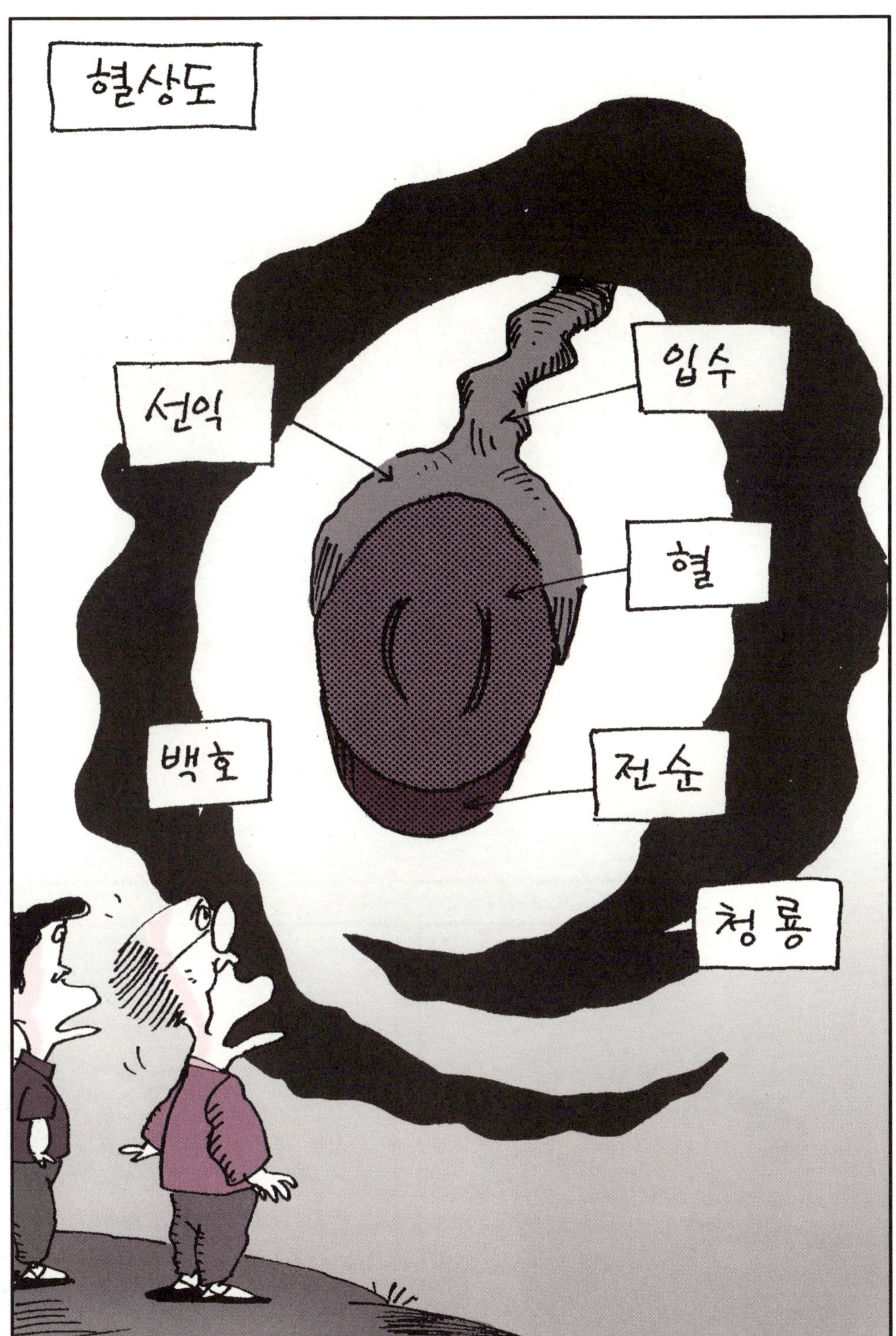
혈상도
선익
입수
혈
백호
전순
청룡

앞에서 그렇게 말했었지!
혈이란 과일 나무에 열린 과일
같다고
예!

산이라는 줄기와 가지에 맺힌
열매인 셈이니까.

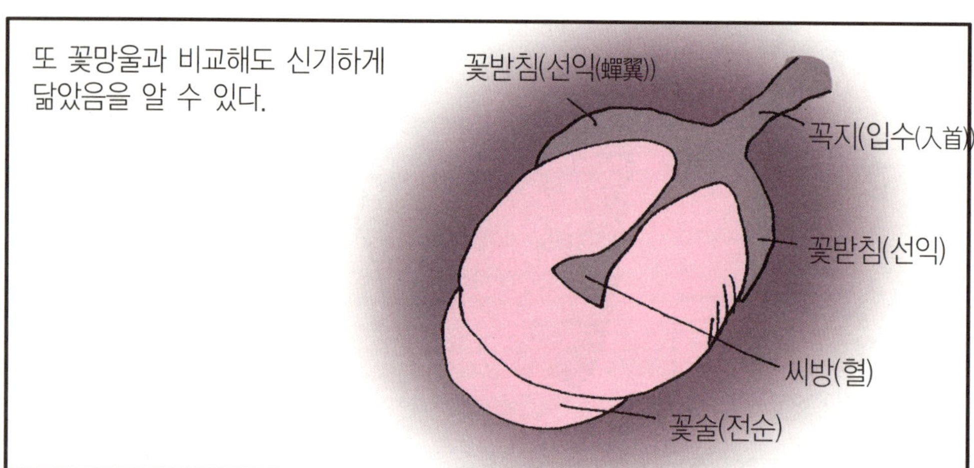

또 꽃망울과 비교해도 신기하게
닮았음을 알 수 있다.
꽃받침(선익(蟬翼))
꼭지(입수(入首))
꽃받침(선익)
씨방(혈)
꽃술(전순)

그런가 하면 어떤 사람은 혈을
두고 박에 비유하기도 한다.

박! 하면 흥부가 연상되지?
제비다리 고쳐주고 박씨 얻어 심었다가 떼부자
가 된 흥부.

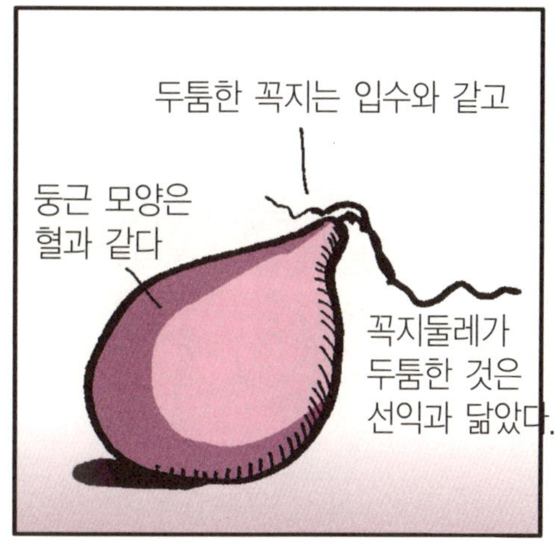

선익이란 매미 날개를 닮았다는 뜻!

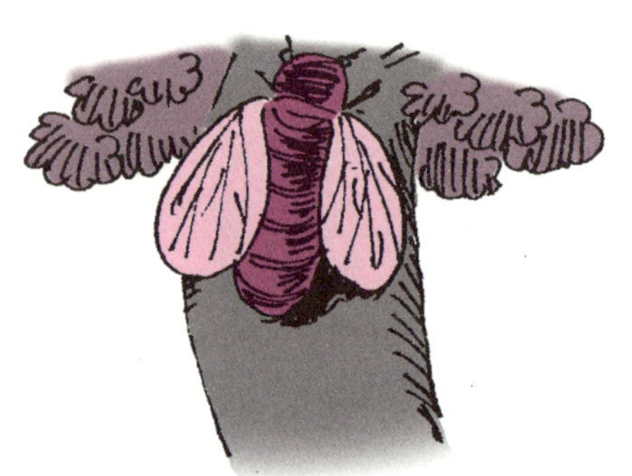

한편 험준한 조산(祖山)은 박의 뿌리에 해당한다고 볼 때…

혈을 향해 굽이쳐 흐르는 산맥, 그 중에서도 원줄기인 간룡(幹龍)은 박의 줄기에 해당하고…

원줄기에서 갈라져 나온 줄기는 지룡(枝龍)이라 할 수 있다.

박이 뿌리가 튼튼해야 줄기가 건강하고, 줄기가
건강해야 잎이 무성하며 충실한 박이 열리듯…

조산에서 간룡을 통해 혈에 이르는 일련의 흐름이
생기가 넘치고 변화가 무쌍해야 명당이 생기게 된다.

부모가 건실해야 자식이 쓸 만한 인재로 자라는
것과 같은 이치다.

이번에는 혈(穴)에 대해서 알아보자.

혈(穴)이라 해서 아무렇게나 생겨도 된다는 법은 없다.

혈이 명당으로서의 자격을 갖추려면 몇 가지 조건이 있다! 이름하여 오악(五嶽)!

입수, 좌우선익, 혈상, 전순 이 오악이다!
오악!

혈을 구성하는 이 다섯 가지 조건 중에 한 가지라도 자격이 미달되면 그 혈은 명당이 될 수 없다.

혈(穴)

명당 혈은 그 생김이 달걀 모양이고 윤곽이 분명하다.

또 청룡, 백호, 안산, 조산으로 이루어지는 보국(保局)이 어느 한쪽으로 기울어지지 않고 균형이 잡혀 있다.

명당 혈은 입수(入首)의 기가 강하게 모아지고 토질은 윤기가 나며 강한 편이다.

원래 명당 혈이라면 말이 그 위로 지나가도 말발굽 자국이 남지 않는 법!

흙이 메마르거나 푸석거리는 느낌이 들만큼 힘이 없으면 명당 혈이 아니다.

또 혈 부근에 토사가 흘러내려 사태가 나 있으면 묘지 안에 빗물이 든 증거이고, 토질에 힘이 없이 푸석거리면 묘지가 바람을 맞았다는 증거이므로 이장을 고려해야 한다.

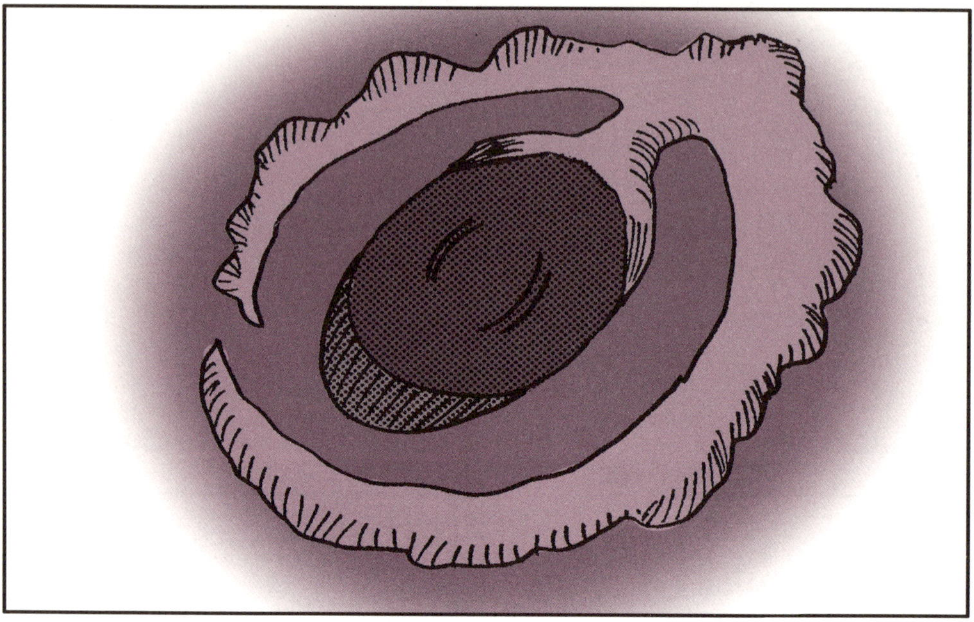

전순(氈唇)

혈 앞에 내민 자리를 전순이라 하는데 조산으로부터 내려온 지기(地氣)가 혈을 이루고도 남아서 만들어진 자리다.

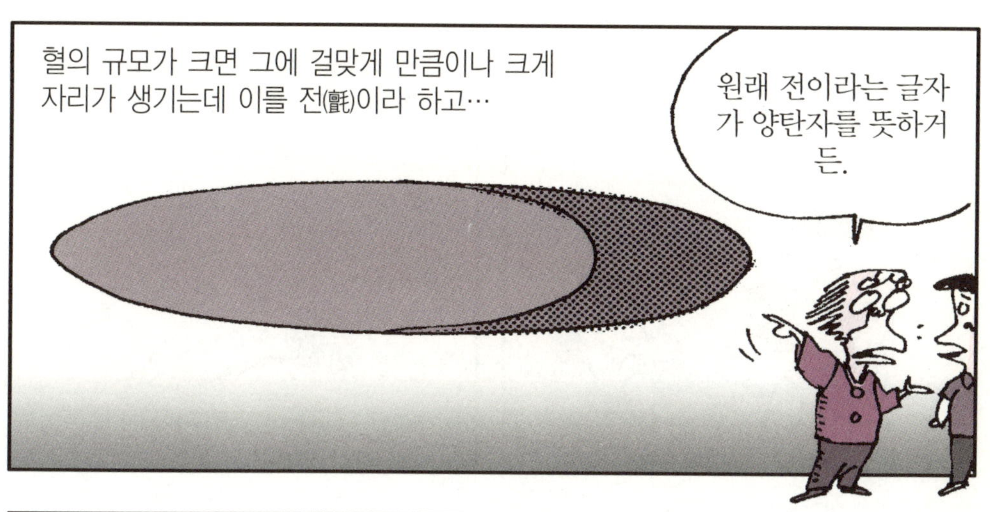

혈의 규모가 크면 그에 걸맞게 만큼이나 크게 자리가 생기는데 이를 전(氈)이라 하고…
원래 전이라는 글자가 양탄자를 뜻하거든.

작은 혈에는 새 주둥이나 입술처럼 작은 모양의 순(脣)이 알맞지!
순(脣)!

더러 혈에 비해 전순이 지나치게 큰 경우도 있는데…

한때 여자들이 입술을 두툼하게 만드는 성형 수술이 유행 했었지 왜…

여자가 입술이 두툼하면 섹시해 보여서 좋을지 몰라도…

묏자리에서 혈에 비해 전순이 두꺼우면 기가 빠져 나가므로 나쁘다.
피식!

반대로 혈에 비해 전순이 지나치게 작아도 나쁘다. 그런 혈은 허혈(虛穴)이거든…
혈
너무 작은 전순

알고 보면 전순에도 길흉이 따른다.

그 예로 혈 앞에 전순이 없으면 자손이 끊기는 수가 많다.
자손이…

앞서 얘기했듯이 전순이란 지기(地氣)가 혈을 이루고 남은 것!

혈 앞에 전순이 없는 것은 혈의 정기가 순조롭게 조화될 수 없다는 뜻이니 자손을 둘 수 없다는 결과로 나타난다.
山無餘氣則이 必無子孫是也라.

또 혈앞이 낭떠러지처럼 급하게 허해지는 자리는 낙마사(落馬死)라 한다.
穴前下之急空은 落水死與落馬라.

전순이 그 모양이면 그 후손 중에는 물에 빠져 죽는 수가 생기고
또는 교통사고를 당하는 액운도 당하기 쉽다.

어디 그 뿐인가? 혈의 뒤가 낮고 전순이 위로 솟은 형국이면…

커
소주

탁

옛 문헌에도 그랬다.
腦後低而脣擧 醉中路於誤死라…

술에 취해 길거리를 헤매다가…

차에 받히거나 겨울에 아무데서나 쓰러져 자다가 얼어 죽기 쉽다는 뜻이다.

흔히 입수 쪽이 낮으면 그 화가 장남 쪽에 미친다고 했다.

요절(夭折)이나 급사를 당하는 수가 많고…

전순이 높으면 반대로 막내 쪽에 화(禍)가 미쳐 불효자가 되는 수가 많다.

또 전순이 혀를 빼문 것처럼 길게 뻗어 나온 모양이면…

그 후손은 거지가 되기 일쑤여서

고향을 떠나 타향에서 유리걸식하는 신세가 된다.

선익(蟬翼)

매미 날개라는 뜻의 선익(蟬翼)은 혈을 구성하는 요소 중에 하나다.

입수로부터 좌우로 갈라져 나온 선익은 끝에 이를수록 가늘어지는게 길상이다.

옛 지가서에는 선익을 두고 자라 등껍질을 닮아야 진혈이 된다고 했다.

더 알기 쉽게 설명하자면 혈과 선익은 솥과 솥뚜껑 같은 관계다.

혈이 밥솥이라면 선익은 솥뚜껑이라는 거지!

밥솥에서 솥뚜껑의 역할이란 매우 중요하다.
솥 안에든 김이 새지 못하도록 하고 바깥바람이 들어가지 못하게 하는 역할이니까…

마찬가지로 혈에서 나오는 지기(地氣)가 밖으로 흩어지지
않도록 여미는 구실을 하는 것이 선익이고…

밖에서 불어 닥치는 바람도 막아주므로 풍살(風殺)을
막는것도 선익이다.

선익은 크기에 따라 이름이 다르다.
선익이 크면 지각(枝脚)! 그보다 작으면
제비날개라 해서 연익(燕翼)

예부터 선익을 보아 길흉을 판단하는 일도 흔히 있었는데…
그 예로 선익이 기와를 덮은 듯 한 모양이면

가세가 늘어 집안이 풍족한 살림을 하게 된다고 했지!

반대로 나쁜 경우를 들자면

선익이 미미하여 혈을 옳게 덮어주지 못할 때는 백골(白骨)이 훼손된다고 했다.

즉 오래오래 보존돼야 할 선조의 백골이 빠르게 썩어 부스러져 버린다는 뜻으로 풍수지리에서는 매우 흉한 쪽으로 해석한다.

또 내룡이 설기(洩氣)하면 다시 말해서 선익이 시원찮으면 무덤이 무너지거나 관이 뒤집히는 불상사도 생긴다고 했다.

아~ 쌓인다!
어려운 한문 투의 풍수비결…

엄살은…

무슨 뜻이냐 하면 양쪽으로 쇠불을 닮은 선익이 뚜렷하지 않게 자리한 곳.

그런 곳은 달이 말하자면 좁은 듯 한 게눈의 형국인데…

선익이 그래야만 명당혈이 된다는 뜻이니라.

혈이란 한마디로 하늘과 땅의 기(氣)가 조화를
이뤄 만들어낸 작품이라 해도 과언이 아니다.

혈상(穴象)

일찍이 선인들께서는 명당 혈의
생김, 즉 혈상(穴象)을 네 종류로
나누셨느니라.

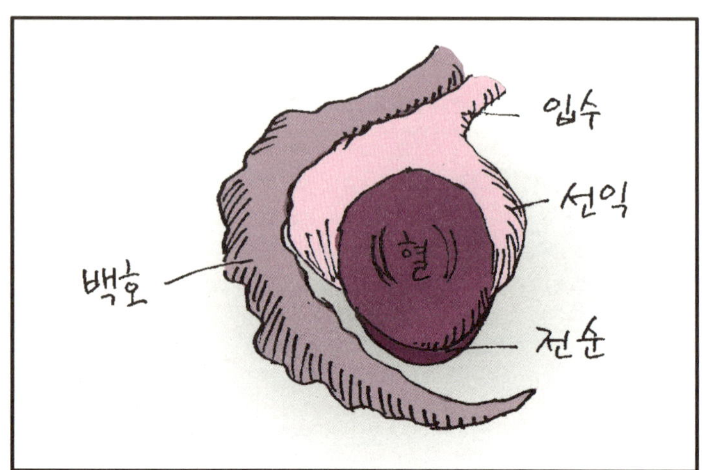

혈을 중심으로 주위의 지형이 소쿠리 안쪽처럼
오목하게 모아지므로 그런 이름이 붙었다.

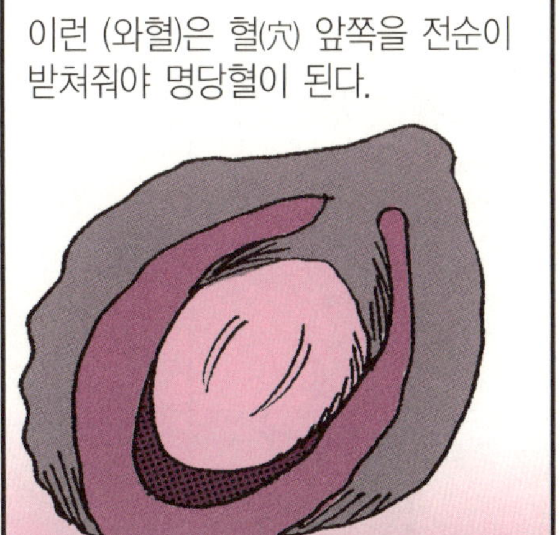

어떤 이는 와혈이 쇠뿔처럼 안으로 모아졌다 해서 우각혈(牛角穴)이라고도 한다.
이런 (와혈)은 혈(穴) 앞쪽을 전순이 받쳐줘야 명당혈이 된다.

주변 산세가 혈을 향해 모이는 와혈은 발복이 빠른 속발지지(速發之地)가 많다.

다만 혈 앞에 전순이 시원찮으면…

그곳은 명당혈이 아니다.

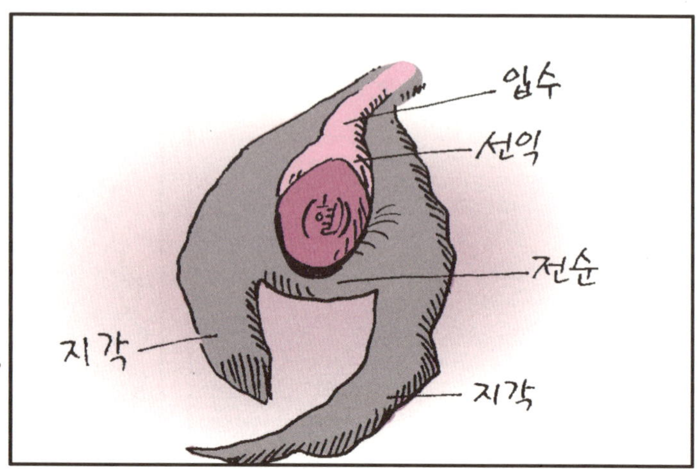

겸혈(鉗穴)은 땅의 생김이 마치 손가락이 갈라진 부분처럼 돼 있는 위치에 있는 혈이다.

겸혈 역시 와혈처럼 혈 앞쪽에 전순이 뚜렷해야 명당혈이 된다.

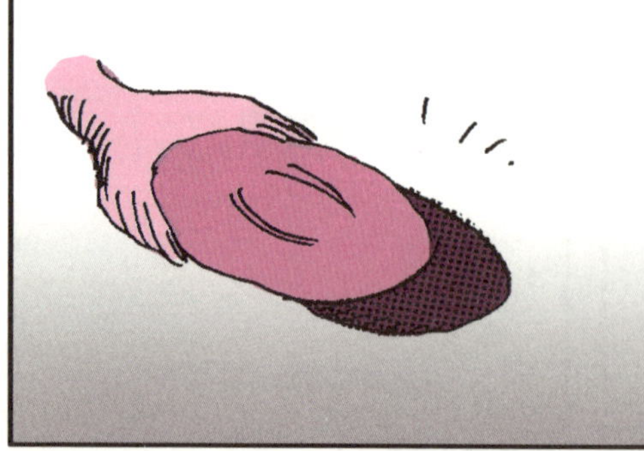

또 혈을 에워싼 양쪽 지각(枝脚)이 안쪽으로 굽어져야 명당이 된다.

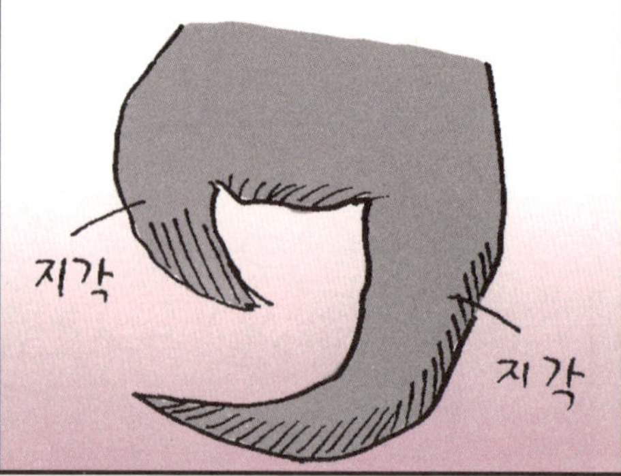

유혈(乳穴)

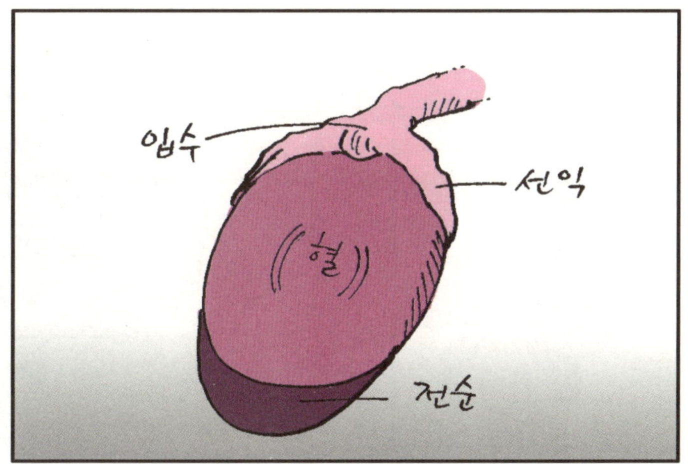

입수
선익
혈
전순

(유혈)은 여자의 젖이나 임신한 여자의 부른 배를 닮은 혈이다.

앞에 와혈이나 경혈은 전순이 확실해야 명당혈이 되지만…

유혈은 전순보다 좌우의 선익이 뚜렷해야 명당혈이 되는 법. 알아둬라!

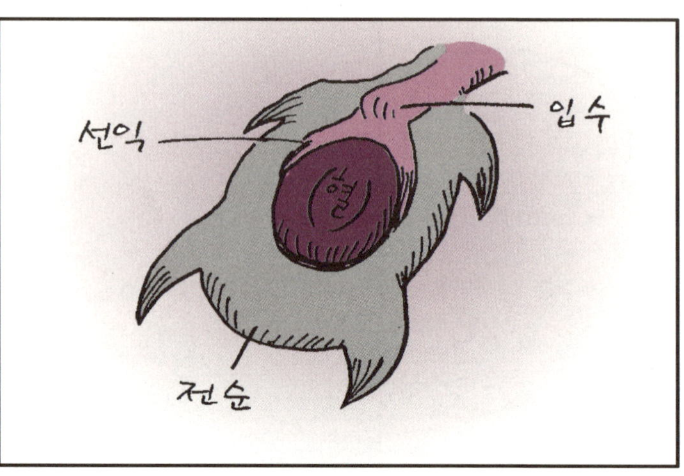

이런 (돌혈)은 야산 꼭대기 부근에서 볼 수 있는 명당혈로 옛날 무쇠솥을 닮았다.

사방으로 네 개의 발이 뻗어 나왔으니 솥을 닮았지!

이렇게…

(돌혈)은 혈을 중심으로 병풍처럼 산들이 둘러 있어야 제대로 격을 갖춘 명당이 된다.

앞에 열거한 네 가지 혈상(穴象)들은 그 특성에 따라 음양으로 구분할 수 있다.

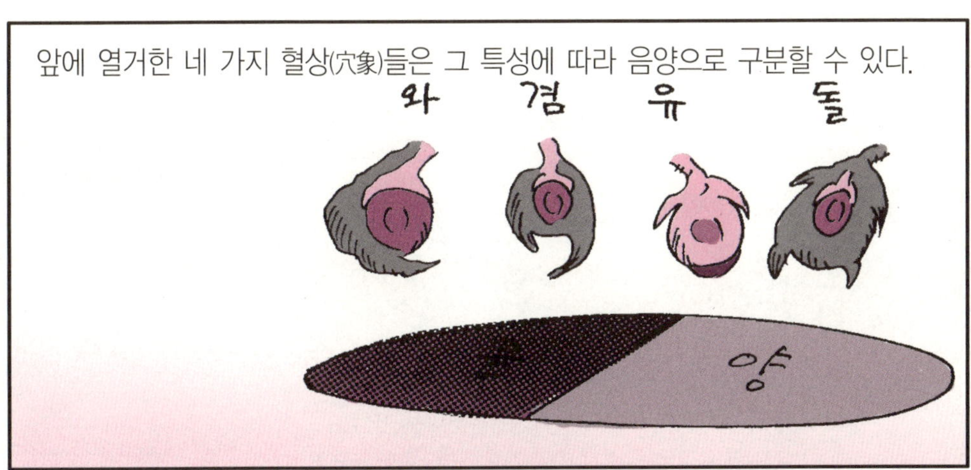

주로 오목한 지형에 생기는 (와혈)과 (겸혈)은 오목하므로음혈(陰穴)이 되고

평지나 불룩한 지형에 생긴 (유혈), (돌혈)은 양혈(陽穴)이라 한다.

나라 안에는 수많은 형태의 혈이 있다. 어떤 혈도 같은 모양을 지닐 수는 없다.

그러나 어떤 혈이라도 와, 겸, 유, 돌의 네 가지 혈상 중에 하나로 구분된다. 결코 이 네 가지 범주를 벗어난 혈은 없다.
와 겸
유 돌

더러 괴혈(怪穴)이라 불리는 잉혈(孕穴)이니 연소혈(燕巢穴) 사두혈(蛇頭穴) 같은 혈도 결국은 네 가지 혈상 중 하나에 포함된다.

안산(案山)

좋구나…! 아미형 안산이라 ~

저 묏자리 후손 중에 상당한 미인이 나오겠는걸!

미인이라고 하셨습니까?
그래! 혈도 좋고 안산도 좋으니까.

안산이요?
그래! 안산!

벌써 잊었느냐! 혈 앞에 바라다 보이는 작은산!
아!

명당이 되는 조건에는 안산도 그 몫이 크다.

왜냐하면 혈 앞에 나앉아 온갖 살(殺)을 막아주는 것이 안산이기 때문이다.

따라서 안산이 단정하고 기가 뭉쳐 있으면 가까운 곳에 명당 혈이 있다고 봐도 된다.

청오경(靑烏經)에 이르기를…
靑烏經

혈을 대하는 안산은 마치 절을 하듯, 읍을 하듯, 손을 맞잡은 듯해야 길상이요,

안산이 너무 길거나 너무 짧으면 흉상이라 했다.

또 혈의 위치가 높으면 안산은 멀어야 좋고,

혈의 위치가 낮으면 안산이 가까워야 좋다고 했다.

안산에도 역시 길한 모양과 흉한 모양이 있겠지요?
물론!

길한 안산의 종류는 다섯 가지쯤인데…

일자문성형(一字文星形), 부봉형(富峰形), 아미형(蛾眉形), 일산형(日傘形), 횡적형(橫笛形)이 있다.

흉한 쪽은요?

안산에 쌍계곡이 있거나 큰 바위가 서있는 경우, 험한 바위, 누더기 같은 느낌이 드는 안산들이 흉한 격이라고 할 수 있지!

일자문성(一字文星)
안산

봉우리 윗부분이 한일자(一)처럼 평평한 모습이다.

일자문성을 다른 이름으로는 금궤형이라 하는데…

산봉우리가 바위로 이루어진 안산이 최고 길상이다.

명당혈인 경우 안산이 일자문성이면 으뜸가는 귀(貴)를 누릴 수 있다.

일자문성 안산에도 상중하로 등급이 있는데 상급인 안산이면 왕후장상도 배출할 수 있다.

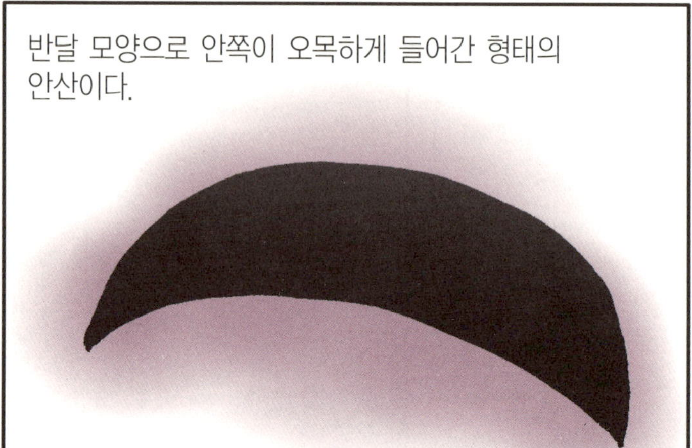

반달 모양으로 안쪽이 오목하게 들어간 형태의
안산이다.

부봉형 안산은 반월형 안산이라고도 부르는데
생김이 빼어난 경우 거부(巨富)가 난다.

또 부봉형 안산이 서기(瑞氣)를 띠면 부귀가 겸해지는
발복이 오래 계속된다.

아미형(蛾眉形)
안산

안산이 썩 잘 생긴데다 득수까지 길상인 경우라면
귀인이나 뛰어난 미인이 나게 된다.

다만 득수득수(得水)가 길상
이 아닐 경우…

그 후손은 관직에 봉직하는 정도로 입
신을 한다.

일산형(日傘形)
안산

안산의 모습이 흡사 우산을 펴놓은 것과 같은 형태.

일산 안을 혈앞에 두면 그 자손의 벼슬이 높이 올라 군수급 이상 가는 자리에 오른다.

부, 귀를 겸하는 자리에 오르게 되니 그처럼 좋은 일이 어디 또 있겠느냐.

횡적형(橫笛形)
안산

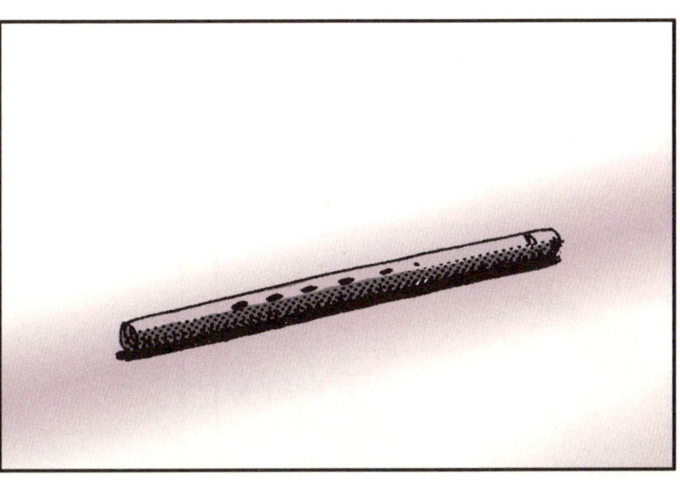

횡적이란 피리를 뜻한다. 옆으로 들고 부는 피리처럼 생긴 안산이 횡적형인데 때로는 (대들보형 안산)이라고도 한다.

묏자리가 연소혈(燕巢穴)인 경우…

혈자리 앞에 가로놓인 땅을 안산으로 취급하기도 한다.

그 가로놓인 땅(橫臺)이 튼튼하면 금시발복을 하는 명당이다.

반대로 안산(案山)이 흉한 모습은 어떤 것일까?

안산(案山)에 쌍둥이 계곡이 있는 경우,

이것은 쏟아지는 눈물격이니 집안에 눈물 흘릴 일이 자주 생긴다고 해석한다.

안산에 긴 골짜기가 있는 모습도 나쁘다.

전염병에 걸려 죽음에 이르는 수가 많으니까.

안산(案山)에 호랑이를 닮은 바위가 보이면…

그 후손은 교통사고 위험률이 높다.
조심할 것!

안산(案山)이 지저분하고 누추하면!

그 자손이 거지가 되거나 관재구설, 혹은 불구자를 낳는다.

안산 외에도 청룡백호를 제외한 나머지 산들을 조산이라 한다.

말하자면 혈혈(穴)을 향해 도열한 산들이라는 뜻이다.

[지가서(地家書)]에 보면 조산(朝山)이란 「如諸侯 朝於天子」라 해서「여러 제후들이 천자에게 허리 굽혀 조회를 하는 형국」이라 했다.

안산이나 조산을 혈의 앞과 옆에 솟은 기(氣)로 여기는데 이들 안산과 조산은 혈의 길흉과 관계가 깊다.

일반적으로 조산이나 안산은 후덕(厚德)하게
잘 생겨야 길한 상태다.

사태가 나서 심하게 패여 나갔거나

산줄기가 길게 뻗어내려 얼굴을 돌린 듯
한 형국은 흉한격으로 친다.

또 달아나는 형국의 조산이나 안산 또한 흉한 형국으로 친다.

사 격 (砂格)

아~

말도 안 되는 소릴하면 그에 대한 응징이 있을 것이다.

잘 들어라!
사격(砂格)이라 함은 혈을 중심으로 앞, 뒤, 좌, 우에 있는 산과들, 하천에 이르기까지의 모든 지형을 말한다.

혈(穴)도 중요하지만 사격이 길해야 더 큰 복을 받고…

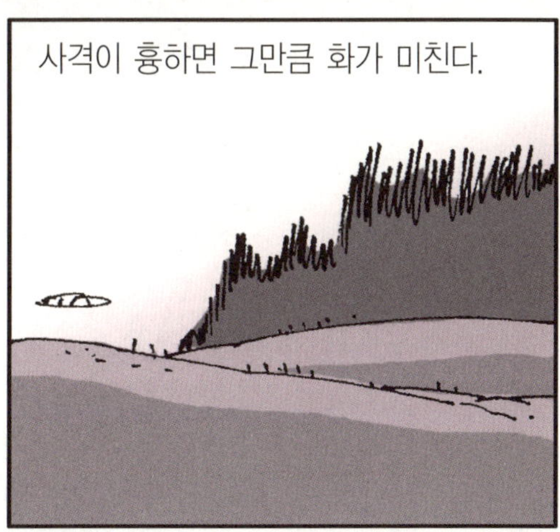

사격이 흉하면 그만큼 화가 미친다.

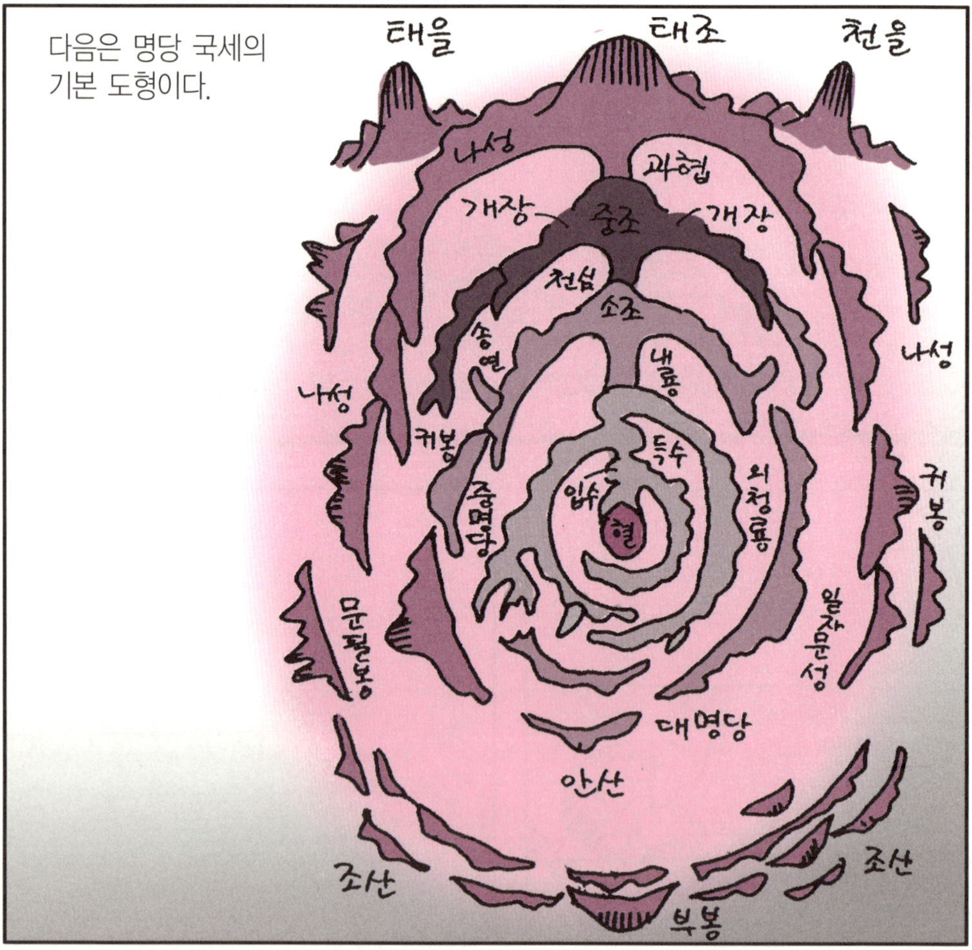

다음은 명당 국세의 기본 도형이다.

명당혈을 중심으로 하는 사격(砂格)에서 길한 쪽의 예를 들자면
문필봉사(文筆峰砂)
독봉사(獨峰砂)
부봉사(富峰砂)
일자문성사(一字文星砂)
어병사(御屛砂)
아미사(蛾眉砂)
현군사(賢君砂)가 있다.

반면에 흉한 사격으로는
규봉사(窺峰砂)
산산사(散山砂)
비주사(飛走砂)
현군사
천옥사(天獄砂)
결항사(結項砂)
절산사(絕山砂)
검살사(劍殺砂)
역리사(逆理砂)
낙봉사(落峰砂) 등이 있다.

먼저 길한 사격(砂格)
부터 알아보자!
길
사
격

길사격(吉砂格)은 이러하다.
길
격

주봉
귀봉
쌍태봉
현군사
일자문성
어병사
일자군성
아미사
문필봉
독봉
부봉

길사격 중에 제일 많이 알려진 것이 문필봉이지 아마.

붓끝처럼 생겼다해서 붙은 이름.
문필봉!!

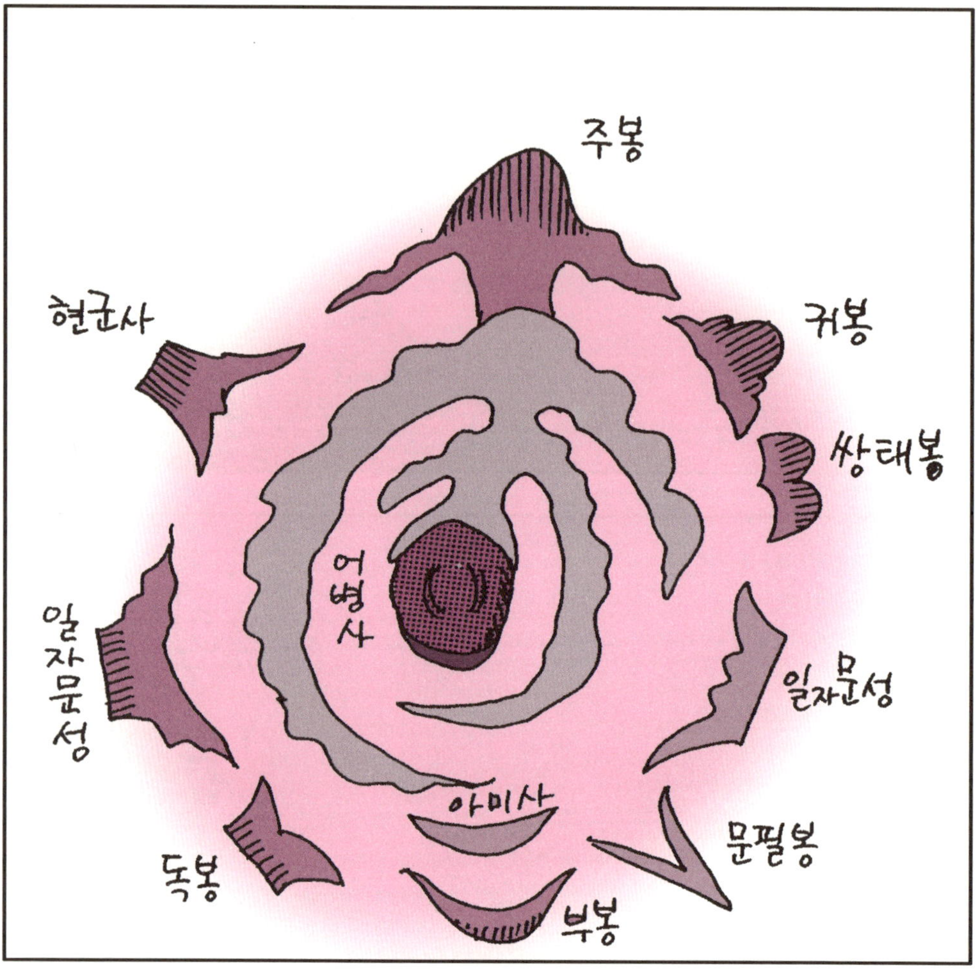

206

문필봉도 세 가지 등급이 있다. 후덕한 모양에 따라서…

문필봉①
끝이 뾰족하고 살이 없는 사격(砂格), 명필이 난다.

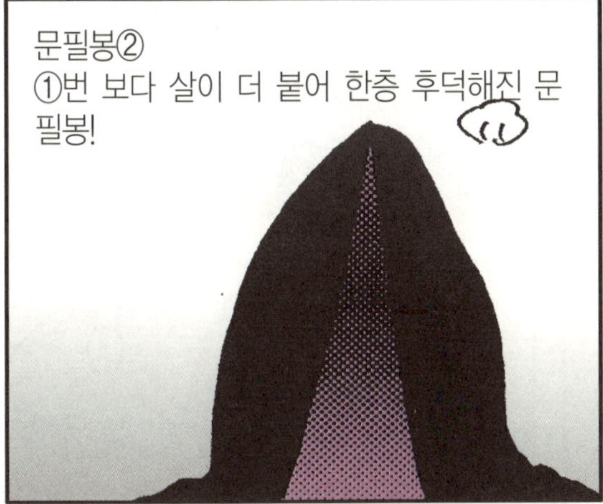

문필봉②
①번 보다 살이 더 붙어 한층 후덕해진 문필봉!

부귀를 겸하는 자손을 두게 되고 덕있는 문필, 문장가가 난다.

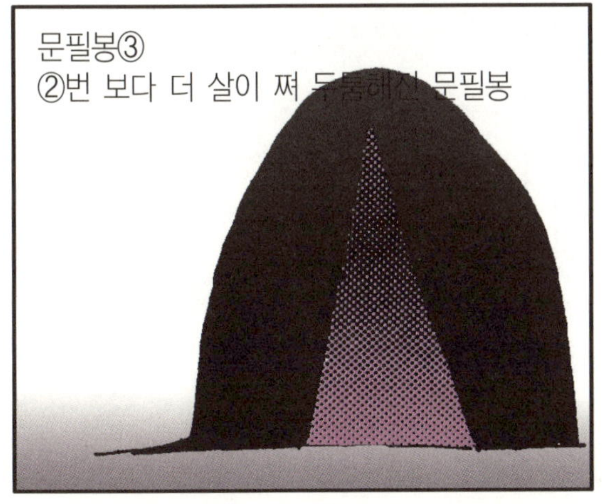

문필봉③
②번 보다 더 살이 쪄 두툼해진 문필봉

문필봉 중에 가장 길한 사격으로…

당대에는 명성이 높은 학문의 우두머리가 되고…

덕망 높은 문필, 문장가로 부귀를 누리는 후손이 나는 길한 사격(砂格)이다.

다만 문필봉은 다른 봉우리에 비해 우뚝해야 하고 아울러 그 모습이 빼어나야 한다. 그래야 옳은 문필봉으로 평가를 받을 수 있다.

더러 빼어난 문필봉의 덕을 보는 경우, 왕후장상이 나거나

국부(國富)가 나는 경우도 있다.

문필봉 다음에는 독봉(獨峰)이 있지!

독봉이란…

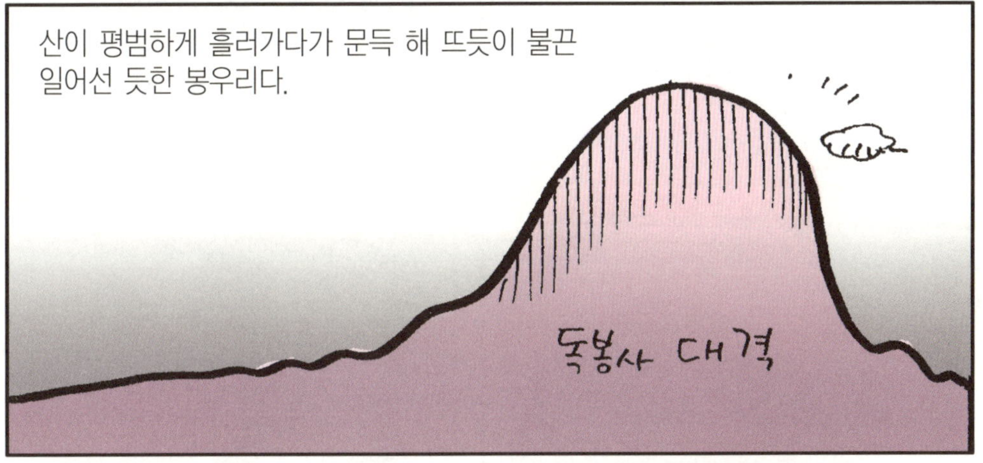

산이 평범하게 흘러가다가 문득 해 뜨듯이 불끈
일어선 듯한 봉우리다.
독봉사 대격

독봉사(獨峰砂)도 대, 중, 소격의 3등급으
로 나뉘는데…
독봉사 중격

그 등급에 따라 발복의 규모도
달라진다.
독봉사 소격

독봉사
(獨峰砂)

산의 정기가 봉우리가 둥글고 이쁜
모습이다.

부봉사(富峰砂)에서 봉우리가 미끈하게
잘 빠졌으면 가부가 날 수 있다.

부봉사(富峰砂)가 서기를 띄고
밝으면 자손이 부귀겸전하게 된다.

혈과의 조화가 우선임은 두말
할 필요도 없고!

일자문성(一字文星)도 잘 알려진 명당 사격(砂格)이다.

산천정기가 충만하고 산봉우리가 평평하게 생긴 형국이 일자문성!

그러나 산꼭대기가 평평하기만 하면 일자문성 사격은 아니라는 거 있지!

한마디로 미끈하게 솟아올라야 제 값을 하는 일자문성이 된다. 그거야.

일자문성도 대, 중, 소로 나눠 발복의 규모를 가늠하는데…
이때 주변의 산세도 참작해야 함도 물론이다.

주변의 산세가 밝고 서기(瑞氣)를 띠어야 좋고 주산(主山)도 일급 명당이 된다.

이런 사격에 일자문성이 소격(小格)이면 부귀 겸전의 장상장상(將相)이 나고…

일자문성 중격(中格) 또는 상격(上格)이면 왕후장상이 난다.

어병사
(御屛砂)

혈의 뒤쪽으로부터 병풍을 두른 듯 순하게 생긴 산들이 에워싸 내리는 사격이 어병사다.

아미사(蛾眉砂)

초승달 같고 눈썹 같기도 한 사격(砂格)!

아미사(蛾眉砂)는 안산(案山)으로도 쓰이는 사격(砂格)인데, 아미사는 혈 가까이 있어야 하고 그 높이가 나지막해야 길한 사격인데,

한편 아미사는 길한 득수(得水)사 돼야 일급 사격이 된다.

그러나 득수가 따르지 않으면 관대서(官帶砂)가 되어 후손이 평범한 관직에 많이 오른다.

길한 사격의 끝으로 현군사가 있다.
일자문성과 비슷하게 생겼지만 현군사(賢君砂)는
바위로 이루어진 사격이므로 일자문성(一字文星)과
구분된다.

현군사 역시 상, 중, 하로 사격(砂格)을 나누는데
상격(上格)이면 왕후, 열사, 장상 같은 높은 벼슬
아치가 배출되고…

중격(中格)이면 지방 관청의 장(長)이나며

하격(下格)이면 부자가 난다.

왜 그런데 말끝마다 사(砂)자를 붙이는지 모르겠네…

그건 이렇다! 옛날에는 풍수를 가르칠 때,

모래로 산이며 계곡을 만들고 그걸 교재로 삼아 풍수지리 이치를 가르쳤다.
그래서 모모래사(砂)자로 쓰게 됐지! 알겠느니
모래 砂 !

각설하고! 사격을 논함에 있어서는 혈이 우선임을 알아야 한다.

혈(穴)이 있고 나서 사격이지, 혈(穴)이 없는 곳에서 사격(砂格)을 논함은 말짱 헛일이라는 뜻이니라.
예!

이번에는 흉한 사격에 대해 알아 볼까?

몰라서 당하는 것 보다 알고 피하는 쪽이 훨씬 이득이니까 새겨들어라!

흉 사격(凶砂格)

산산사
천목사
규봉사
비죽사
역리사
절산사
결항사
검살사
낙봉사

흉한 사격에는 먼저 규봉사(窺峰砂)를 들 수 있다.

규봉(窺峰)이란 산골짜기 너머에서 넘겨다보듯 하는 그 뒷산 봉우리를 말한다.

규봉(窺峰)에도 몇 가지 종류가 있는데 크게 귀형(貴形), 미형(眉形), 화형(火形)으로 나눌 수 있다.
귀형
미형
화형

혈앞에서 보이는 규봉이 귀형(貴形) 규봉이면…

관재구설이 잦아 재산의 손해를 입는다.

귀(貴)는 관(官)을 의미하기 때문에 관에 의한 화가
미친다는 뜻이다.

미형규봉(眉形窺峰)이 보이면 그 후손은 도둑을 맞거나 남
에게 사기를 당하는 일이 많다. 또 도박 따위 투기에 빠
져 재산을 날리는 경우도 흔하다.

화형규봉(火形窺峰)은 어떤가? 화재가 자주 발생하고 그런 사로 사람이 상하는
일이 많다.

산산사(散山砂)도 흉한 격이다. 산의 가닥이 양쪽으로 갈라지거나 끊어져 달아나는 모양을 지닌 사격(砂格)이다.

이런 사격이면 그 후손의 재산이 흩어지고 불효자가 나며 집안에 우환이 끓고 끝내 패가하게 된다.

산산사(散山砂)에서 끊어져 달아나는 모양인 비주사(飛走砂)가 있으면 맏아들이 요절하고 재난이 덮쳐 온 가족이 야반도주를 하는 일이 생길 수도 있다.

여자의 치마를 벗어 걸어놓은 듯한 흉
사격(凶砂格)이다.

산골짜기가 사방으로 패여 나가 험하고 추하게 생긴 산으로 이런 산이 보이는
곳에 묏자리를 잡으면 후손 중에 불구자가 많이 난다.

하루아침에 집안이 망하는 횡액도
이런 (현군사)의 화에서 비롯되며…

후손 중에 음탕한 짓을 저질러 집안
망신을 시키는 경우도 흔하다.

현군사는 양택에서도 나쁜 사격으로 친다. 특히 동네 앞에 (현군사)를 띤 산이 있으면 몹쓸 동네로 여기게 된다.

충청도 어디어디에 있는 어느 동네…

그 동네 앞에는 현군사 형국을 지닌 산이 버티고 있는데…

그래서인지 그 동네는 옛날부터 걸핏하면 음란한 사건들이 자주 발생하기로 이름이 나 있다.

남녀노소 할 것 없이 윤리도덕이 빵점이라는 평도 있다.

유독 그 동네만 불구자 자손이 많고 가난한 살림을 면할 길 없는 것도 (현군사)에서 비롯되는 화화(禍)로 해석하는 풍수들이 많다.

그걸 알면서도 그 동네를 뜨지 못하고 눌러 사는 그 곳 사람들에게도 말 못할 사정이 있는게 아닐까요?
물론 이지!

그렇다고 현군사를 다른 곳에 갖다 버릴 수도 없는 일!

옛말에도 그랬다. 절이 싫으면 가벼운 중이 떠야 원칙이지, 무거운 절이 뜰 수야 없는 일! 그처럼 사격이 나쁜 동네일 경우에는 사람이 짐 싸서 이사를 가는 길밖에 달리 방법이 없다.
이사짐 센터

천옥사(天獄砂)는 사방으로 높은 산들이 에워싸고 있어 깊은 우물처럼 폭 빠진 형국을 뜻한다.

이런 곳에다 묏자리를 쓰면 후손이 옥사(獄死)하거나 무거운 것에 눌려 죽는 압사(壓死), 차에 깔려 죽는 역사(轢死)를 당하기 쉽다.

묏자리뿐만 아니라 사람이 사는 동네도 이처럼 첩첩산중에 자리를 잡으면 비천한 신분의 자손을 낳게 된다.

절산사(絶山砂)

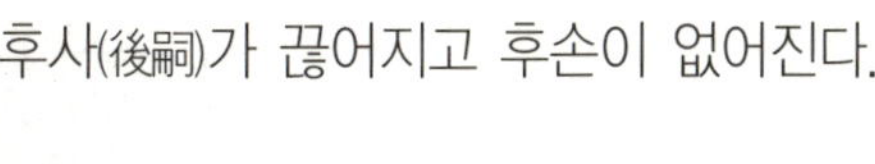

후사(後嗣)가 끊어지고 후손이 없어진다.

검살사(劍殺砂)

용호가 겹산이 되니 질풍이 협곡으로
몰아치니 그 바람이 살풍(殺風)이다.
교통사고가 잦은 흉사격이다.

낙봉사(落峰砂)

높은 곳에서 떨어져 죽는 추락사(墜落死)
가 많이 발생하는 흉사격이니 세심하게
살펴볼 일이다.

여기서 한 가지 다행스러운 점이 있다면…

혈이 썩 좋은 명당일 경우,

흉한 사격의 화가 훨씬 강해지거나 오히려 복이 되는 경우가 있다는 것이다
전화위복

특히 규봉사 같은 경우는 흉한 게 보통이지만…

혈이 명당이면 후손에게 횡재를 안겨주는 복으로 작용하는 수도 있다. 그만큼 명당은 파워가 있다.

조선 4대 임금 세종대왕(世宗大王)

오행염(五行廉)

지금 여주에 있는 영릉은 자타가 공인하는 명당이다.

그러나 영릉으로 이장하기 전 19년 동안 묻혀 있던 지금의 서초구 내곡동의 헌릉은 물이드는 뒤를 이은 문냉혈(冷穴)이었다.

묘지 안에 차가운 지하수가 올라오면 시신이 육탈(肉脫 ; 살이 썩어 없어지고 뼈만 남음) 되지 않는다. 세종 임금의 시신도 19년 동안 육탈되지 않았다고 한다.

죽은 이의 시신(屍身)이 육탈되지 않으면 자손에게 해롭다.
세종의 문종, 단종, 세조에 이르기까지 불과 19년 동안에
임금이 네 번이나 바뀌는 엄청난 대궐내의 파란은
세종 임금의 시신이 불편함에 따라 빚어진 일인지도 모른다.

그러나 여주로 이장을 한 뒤에 즉위한 성종은 25년이나 왕위에 있었다.
그것이 과연 우연의 일치일까?

첫째, 묘지의 봉분이 까닭 없이 가라앉거나 밑으로 꺼질 때…

이것은 가문에 흉한 액운이 닥칠 조짐이니 서둘러 다른 곳으로 이장을 해야 한다고 했다.

둘째 묘지 위에 나 있던 풀이나 묏자리 주변의 나무가 말라 죽는 경우에는 이장을 해야 한다.

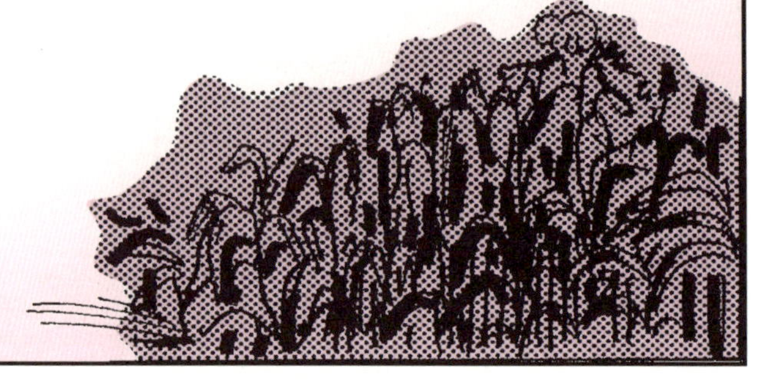

다른 묏자리에는 초목이 탈 없이 잘 자라는데 유독 그 자리만 풀이 말라 죽는다는 건 예삿일이 아니다.

묏자리의 변고 외에 집안 대소사가 흉해질 때도 이장이 권해지고 있다.

예를 들자면 집안 여자가 윤리적인 사고를 일으켜 망신살이 뻗쳤을 때도 이장을 고려해야 하고…

애지중지하던 아이가 죽거나 과부가 생기는 불행이 닥쳤을 때

집안 식구 중에 관청에 잡혀가서
형벌을 받는 일이 생겼을 때

일상사에서 다치고 피 흘리는 사고가 연발할 때도
이장을 고려해 보라고 했다.

수맥(水脈)이란 지하를 흐르는 차가운 지하수다.

차가운 지하수가 흐르면 땅 밑에서 올라오는 땅의 지기(地氣)가 막혀 더 이상 올라오지 못한다.

풍수들이 묏자리를 선택할 때 제일 먼저 수맥 유무를 알아보는 것도 그 때문이다.

명당의 반대 개념인 망지(亡地) 중에는 그 아래로 (수맥)이 지나는 경우가 많다.

수맥 외에도 묏자리를 망지로 만드는 원인은 또 있다.

묘지에 염(廉)이 드는 현상이 그것이다.
염?

염(廉)이란 묘지 속에 잡된 것들이 침투하는 현상으로 그 때문에 자손들이 화를 입게 되는데…

염이 종류는 크게 수목화풍충(水木火風蟲)의 다섯 가지로 구분하며 이를 오행염(五行廉)이라 부른다.

수염(水廉)은 무덤 안에 물이 드는 것이고…

목염(木廉)은 나무뿌리나 풀뿌리가 시신을 덮치는 것.

화염(火廉)은 유골이 불에 탄 듯 그슬리는 현상…!

풍염(風廉)은 살풍 받이에 있는 묏자리의 유골이 까맣게 변하는 현상.

충염(蟲廉)은 뱀이나 개구리, 쥐, 기타 온갖 벌레들이 유골을 못살게 구는 현상은 말한다.

그러면 이런 (오행염)이 왜 생기는가?

첫째는 그 묏자리가 명당혈이 아니기 때문이다.

예부터 우리는 묘를 쓴 지 몇 해가 지나면 묘를 열어보는 면례와 이장(移葬)을 지켜 왔다.

그것은 시신은 육탈 여부를 확인함으로써 그 묏자리가 명당인지 아닌지,

혹시 오행염 같은 사(邪)가 들었는지 여부를 점검하려는 뜻도 있다.

오행염(五行廉)을 구체적으로 살펴보자.

수염(水廉)

수염은 두 가지 종류가 있는데 하나는 지하에서 올라오는 지하수(陰水)가 있고, 또 하나는 빗물이 무덤 안으로 스며드는 양수(陽水)가 있다.

대개 음수가 무덤 안에 차면 시체가 썩지 않고,

양수가 무덤 안에 차면 반대로 시체가 뼈째로 녹아 없어지고 만다.

수염(水廉)이든 무덤을 열어보면 시신이 뒤집어져
발치에 가서 뒹구는 수도 있다.

그건 무덤에 물이 찼을 때 위로 떠
있던 머리뼈가…

물이 빠질 때 발치 쪽에 내려앉
은 탓이다. 물이 드는 자리는
망지이므로 이장을 해야 한다.

수염이 든 묘지의 후손은 손재(損財)와
요절(夭折)그리고 백 가지 병을 앓는다.
그런데 무덤에 음수(陰水)가 들면 우환이
오래 계속되고 양수(陽水)가 들면 우환이
빨리 지나간다.

목염(木廉)

묏자리 주변의 나무뿌리나 풀뿌리가 무덤 안으로 뻗어와 시신을 뒤덮는 현상이 목염이다.

목염(木廉)이 드는 원인은 흙이 덜된 자갈이 뒤섞인, 말하자면 잡지(雜地)에 묘지를 쓸 때 흔히 일어난다.

묘지에 목염이 들면 그 후손의 집안에는

가족 중에 심한 병을 앓는 사람이 있다.

목염이 든 묏자리는 나쁘다. 이장을 해야 화(禍)를 벗어날 수 있다.

명당 혈에도 목염이 드나요?
좋은 질문이다.

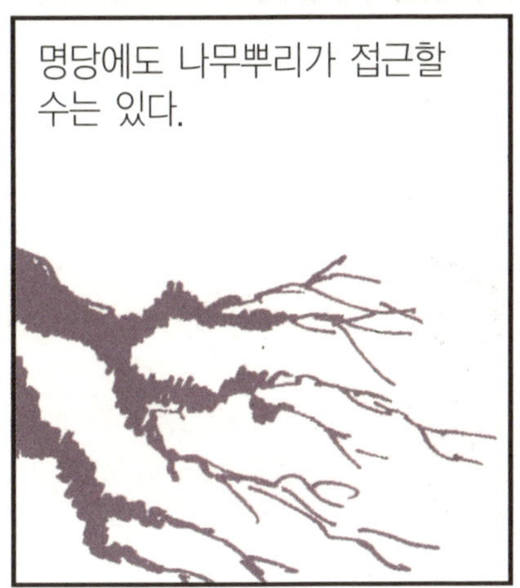

명당에도 나무뿌리가 접근할 수는 있다.

그러나 나무뿌리가 관 속의 시신까지 침범하지는 못한다.

명당의 장점은 어떤 경우에도 시신을 완벽하게 보존하는 능력이 있다는 점이다.

몇 백 년 또는 그 이상 오래된 무덤에서도 완벽한 유골이 발견되는 것은 그 자리가 명당이기 때문이다.

충염(蟲廉)!
蟲

충염은 무덤 속에 잡다한 벌래나 뱀, 개구리 등이 침입하는 현상이다.

충염이 생기는 원인으로는 청룡백호가 비었거나 네 방위가 비었을 때, 주변에 잡석(雜石)이 널려 있으면 충염의 우려가 있다.

충염이 생기면 즉시 다른 곳으로 이장을 해야 한다. 그 화가 후손에게 미치기 때문이다.

식구가 요절하거나 파산하는 원인 중에는 선조의 묏자리에 벌레가 든 경우가 많고

뱀떼가 득실대는 무덤의 후손 중에는 정신이상이 된 사람이 많다.

화염(火廉)은 백골이 흡사 불에 그을린 것처럼 까맣게 타서 무게도 줄어든 이변이고

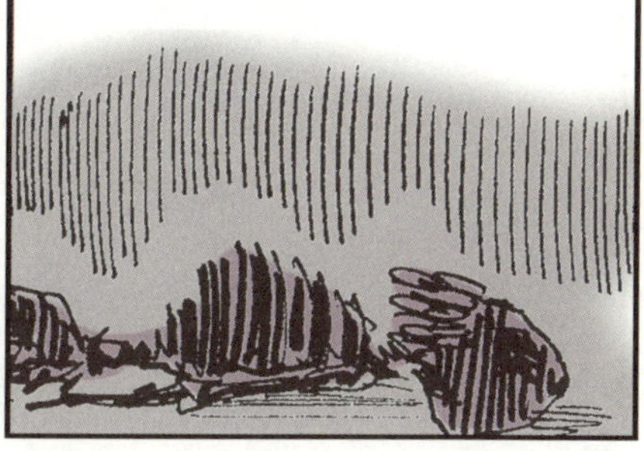

풍염(風廉)은 무덤 속에 바람이 들어 유골이 까맣게 변하는 현상이다.

둘 다 자손에게 나쁜 화를 미치게 하므로 그런 사실이 확인되면…

곧바로 이이장(移葬)을 서두르는 것이 좋다.

원인을 들자면 묏자리가 돌밭이거나 선익이 허전하면 화염이 들고…

묏자리 좌우 산세가 기울거나 어느 한쪽 산세가 끊어졌을 때는 풍염(風廉)이 든다고 한다.

제대로 된 풍수라면 그런 자리를 묏자리로 잡지 않는다.

그런데도 그런 망지에 무덤을 만드는 사람이 생기는 것은 (얼풍수)의 농간이다.
얼풍수! 의사로 말하자면 돌팔이, 무당으로 치면 선무당이다.

쥐뿔도 모르는 작자들이 풍수입네 해가며 비싼 돈 받아 챙기고 명당이랍시고 잡아주는 자리 중에 이렇듯 집안 망치는 망지(亡地)가 많다.

발복(發福)과 재액(災厄)

선조의 묏자리 때문에 발복이나 재액을 어떤 이는 이렇게 해석하고 있다.
에~

명당이나 망지로 인한 발복이나 재액이란?

한마디로 돌아가신 분의 영혼이 후손들에게 고마움이나 불편한 점을 전달하는 행위일 뿐이라는 것이다.

일리가 있는 말일 수도 있다.

또 사람이 죽어 육신과 영혼이 분리돼도 상당한 시간 동안은 자기 육신 곁에 영혼이 머문다는 거지!

만일 그렇다면 살아생전 몸담았던 자기 육신에 대한 애착 또한 대단 애착 또한 대단하겠지! 안 그러냐?
1년 정도 함께 공부한 짝꿍하고 헤어지는데도 한참동안 서운한 법인데…

죽음 때문에 한순간에 이승의 모든 인연을 끊어야 하는 영혼이야 그 미련이 오죽할까?

그러다 보면 자기 육신이 묻힌 무덤 안의 형편에도 무심할 수야 없겠지!

으아… 벌레가 몰려온다~

어이구~ 내육신! 벌레가 뒤덮였네.

웅성 웅성

어이구… 나한테는 물이 들어서 말야. 덜덜…
내 자리는 바람이 들었어!

이런 사실을 내 가족한테 알렸으면 좋겠는데…
이장을 시켜 달래려구?

응… 근데 말이 통하질 않아.
그거야 방법이 있지.

내가 아는 영혼 친구는 자기 묘지에 나무뿌리가 들어 죽을 맛이었는데…

첨에는 무작정 자손들 한테 가서 이장을 해달라고 해봤대!
근데 자손들이 알아듣질 못하더라는 거야.

그래서 생각하다 못해 자손들 중에 민하 놈을 골라 냅다 병치레를 씌웠더니 그제서야 기별이 가더라나

자손들이 부리나케 풍수를 찾아가서 알아보더니 목염이 든 걸 알게 돼서 이장을 했대!
그럴 듯 해!

제~엔장! 나도 한번 그래 볼까?

생전에도 물을 싫어했는데 죽어서 물치레라니… 못 참겠어!

아하~

어떠냐? 그럴듯한 얘기지?
옙!

명당에 묻힌 조상의 영혼도 마찬가지…
아~좋다!

허허… 나를 잊지 않고 찾아주는 이쁜 내 식솔들…
내 마누라… 고맙소… 잉

고마움을 전하고 싶지만 돈도 없고 달리 가진 것도 없으니

그동안 모아둔 좋은 땅의 정기나 듬뿍 전해주마…

그럼 화장(火葬)은 어떻습니까?

화장은 무해무득(無害無得)이다.
무해무득…

육신을 불에 태워 버렸으
니 미련을 둘 이유도 없어
졌으니까.
안녕!

분명히 일러두려니와!
…

돌아가신 선조는 필히 명당에 모
셔야 함이 기본이다.

그러나 명당이 못되면 최소한
무해지지(無害之地)에서라도
모시려는 효심이 필요하다.

만일 자손들이 편리함만을 쫓아 망지(亡地)에 모시게 되면

시신이 편치 못하니 영혼은 자손에게 이장을 요구하는 뜻에서 해코지를 하게 되고…

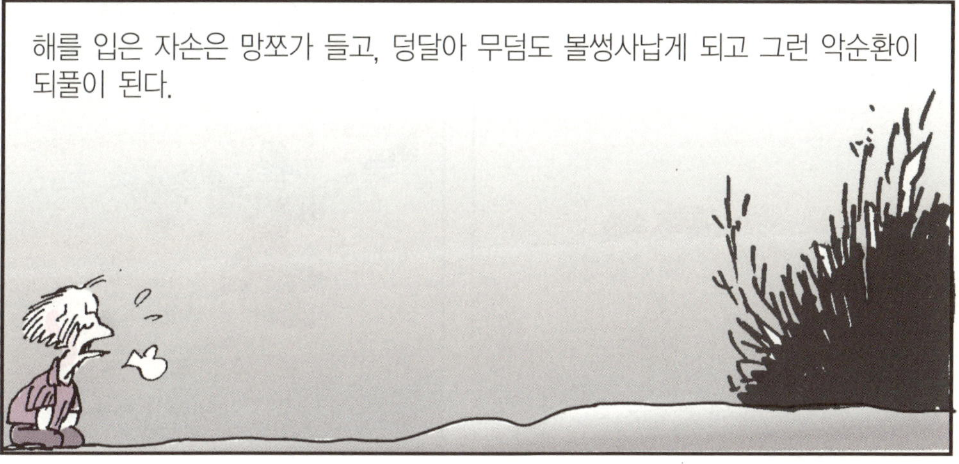

해를 입은 자손은 망쪼가 들고, 덩달아 무덤도 볼썽사납게 되고 그런 악순환이 되풀이 된다.

그럴 바에야 차라리 화장(火葬)을 하는 쪽이 죽은이나 살아 있는 가족을 위해서 좋은지도 모르지.

망지(亡地), 흉지(凶地)를 만나는 원인을 살펴보면 몇 가지가 있는데…

제일 큰 원인인 이런 사람!

앞에서도 잠시 얘기했지만 망지 선택도 얼풍수들이 저지르는 작폐 중에 하나다.

선무당이 사람 잡는다는 얘기도 있듯이…

얼풍수들은 자기가 잡아준 묏자리가 그 자손에게 해를 끼치든 말든 상관하지 않는다.
명당!
명당!

으흐흐… 말 몇 마디 해주고 이런 거금을 받는 직업이 풍수말고 어디 또 있겠냐 응!
끼끼

풍수를 배우는 목적 중에는 얼치기 풍수에게 속아 돈 허비하고 집안 망치는 노릇을 막아보자는 뜻도 있다.

원래 얼치기 풍수일수록 유식한 척해 가며 설치기 마련인데…

잘 살펴보면 얼치기 풍수는 몇 가지 특징이 있다.

첫 번째는 남이 잡아 놓은 묏자리를 헐뜯는 위인

두 번째는 혈자리도 제대로 짚지 못하면서 조상이 어떻고 안산이 어떻고 유식을 자랑하는 작자

부적을 사면 명당이 된다고 떠드는 작자도 얼치기 풍수!
망지가 부적 한 장에 명당이 된다는 허무맹랑한 얘기를 내놓은 작자가 과연 옳은 풍수일까? 절대로 아니다!

제대로 풍수지리에 통달하고 땅의 섭리를 깨달은 풍수는 사례비에 눈이 어두워 되잖은 짓으로 난 척을 하지도 않는다.

요즘 세상… 매스컴 타고 행세하는 얼치기 풍수들이 좀 많은가? 큰 문제다.

옛말에도 명당은 구하는 일보다 옳은 풍수를 만나는 것이 더 중요하다고 한 이유는 그 때문이다. 알겠느냐?
알았습다!